AF382763

Les techniques du corps

© 2025. Edico
Éditions : Memoria Books pour Edico
7 rue Aristide Maillol 77600 Bussy-Saint-Georges
contact@jdheditions.fr
Imprimé par Libri Plureos GmbH, Friedensallee 273, 22763 Hambourg, Allemagne

Réalisation et conception couverture : Cynthia Skorupa

Préface et dossier documentaire : Jean-David Haddad

ISBN : 978-2-38437-044-3
Dépôt légal : avril 2025

Marcel Mauss

LES TECHNIQUES DU CORPS

MEMORIA BOOKS

Préface de Jean-David Haddad,
*Professeur agrégé de Sciences Économiques
et Sociales, auteur, éditeur*

Les Techniques du corps est à l'origine une conférence prononcée par l'anthropologue français Marcel Mauss, le 17 mai 1934 devant la Société de Psychologie, et publiée pour la première fois par le *Journal de Psychologie*, vol. xxxii, n°3-4, 15 mars-15 avril 1936. C'est ce discours que nous avons choisi, dans Les Atemporels, de retranscrire en livre, comme nous l'avons fait avec *Qu'est-ce qu'une nation ?* d'Ernest Renan.

Il faut dire que les neurones des intellectuels bouillonnaient à l'époque, qu'ils n'avaient pas besoin d'aller briller sur les plateaux TV à faire les pitres, et que lorsqu'ils faisaient des discours, ces derniers étaient largement écoutés et retranscrits. Des discours d'ailleurs suffisamment longs pour en faire des livres, comme cela est le cas ici.

Marcel Mauss (1872-1950), souvent récupéré par les sociologues, est en réalité considéré comme le père de l'anthropologie, au même titre que Durkheim est considéré comme le père de la sociologie, ou que Freud est considéré comme le père de la psychanalyse. Tout cela à peu d'années près à cette même époque, un temps où l'on essayait d'aller comprendre et expliquer les comportements humains. D'ailleurs, il est à noter que Mauss est le neveu de Durkheim.

L'anthropologie est située à l'articulation entre les sciences humaines et les sciences naturelles. Elle étudie donc l'être humain et les groupes humains sous leurs différents aspects, à la fois physiques (anatomiques, biologiques, morphologiques, physiologiques, évolutifs, etc.) et culturels (sociaux, religieux, linguistiques, psychologiques, géographiques, etc.).

D'ailleurs, le propos de Mauss dans *Les Techniques du corps* relie le social au biologique. Il nous indique d'abord que notre corps est le premier de nos outils. Ce qui est vrai. C'est d'ailleurs un outil qui nous permet d'utiliser des outils naturels, ou de les transformer pour en créer de nouveaux. C'est d'ailleurs là que commence l'économie, soit dit en passant : la création de valeur grâce au travail de l'Homme. Et c'est ce qui distingue l'Homme de la quasi-totalité des animaux : ne pas utiliser uniquement le corps comme outil. Certes, quelques grands singes peuvent manipuler des outils, mais aucun autre postulant des espèces vivantes ne peut créer de nouveaux outils. Ainsi, du silex à la bombe nucléaire, l'Homme a pu s'imposer comme prédateur suprême du règne animal en raison du fait que son corps ne soit pas son unique outil. Un corps qui varie grandement d'un individu à l'autre mais qui, à l'échelle du règne animal, est finalement assez faible : vitesse de course modeste (l'homme le plus rapide du monde court 1,5 fois moins vite qu'un chat ou un chien de chasse), peau fine, sans fourrure, gabarit très moyen, ossature peu solide, etc.

Bien qu'il soit l'outil principal de l'Homme, le corps n'est donc pas son seul outil, ce qui fait la spécificité du règne humain.

Dans sa conférence, ici retranscrite, Mauss va donc se pencher sur les façons dont les hommes, société par société, d'une façon traditionnelle, savent se servir de leur corps. Il montre en particulier que la manière de s'en servir diffère selon plusieurs critères de nature sociologique. Et donc culturelle. Notre manière de nous servir de notre corps dépend des cultures et des époques.

Et on voit bien que Mauss est un homme de son époque quand il parle de la femme : « *L'homme serre normalement le poing le pouce en dehors, la femme le serre le pouce en dedans ; peut-être parce qu'elle n'y a pas été éduquée, mais je suis certain que, si on l'éduquait, ce serait difficile. Le coup de poing, le lancer du coup sont mous. Et tout le monde sait que le lancer de la femme, le jet de pierre est, non seulement mou, mais toujours différent de celui de l'homme : plan vertical au lieu d'horizontal.* »

Aujourd'hui, quelle femme serre le poing avec le pouce en dedans ? Les femmes ont appris à fermer le poing avec le pouce à l'extérieur, que ce soit pour donner un coup de poing, taper du poing sur la table, ou pour brandir le poing et revendiquer… Même les femmes n'ayant jamais pratiqué la boxe ferment le poing avec le pouce à l'extérieur ! Sans y avoir été spécialement éduquées. L'infériorité physique de la femme était à cette époque un dogme imparable dans tous les milieux intellectuels.

On peut donc voir, dans les propos de Marcel Mauss, le reflet d'une époque, celle de Pierre de Coubertin, qui jugeait inesthétique que la femme fasse du sport et qui n'envisageait même pas l'idée d'olympiades pour les femmes.

Mais au-delà de ces aspects caractéristiques d'un mode de pensée, le discours de Marcel Mauss est quelque part l'ancêtre de ce qu'on appelle aujourd'hui « langage corporel » et qui fait l'objet de nombreuses études. Un langage qui va chercher ce que nos gestes, nos expressions faciales et nos postures expriment de nos sentiments de manière essentiellement indirecte, la plupart de ces signaux étant envoyés de manière inconsciente.

Mais là encore, et on peut rejoindre Mauss aujourd'hui encore sur ce point, il n'est guère de langage corporel universel. Même les expressions des visages ne sont pas à interpréter de manière identique d'une civilisation à l'autre. Tout comme les rituels que l'Homme réalise avec son corps sont très différents d'une culture à l'autre. Je pense ici aux guerriers de la tribu Kuru, en Afrique, commettant un acte sacré au cours duquel ils copulent avec le sol dans le but de rendre la terre fertile (voir le film *Les derniers cris de la savane*, 1975).

L'anthropologie n'a pas de limites mais elle doit être pratiquée sans jugement, ce que Mauss s'évertuait à faire, par exemple en comparant les postures des Français et des Anglais en mangeant... Mais ce qu'il ne faisait pas lorsqu'il abordait la gent féminine... Comme tous ses pairs d'ailleurs...

Ce texte est un bref monument de la première partie du XXe siècle, et il doit être lu par quiconque s'intéresse à l'anthropologie ou à tout ce qui concerne ce qu'on nomme aujourd'hui le langage corporel !

Le texte de Mauss sera complété et augmenté d'un dossier documentaire illustré à caractère explosif ! Vous y trouverez une vision révolutionnaire des techniques du corps. Je ne vous en dis pas plus mais vous laisserait découvrir.

Jean-David Haddad
professeur agrégé d'économie et de sciences sociales, éditeur

LES TECHNIQUES DU CORPS[1]

[1] Extrait du Journal de Psychologie, XXXII, ne, 3-4, 15 mars — 15 avril 1936. Communication présentée à la Société de Psychologie le 17 mai 1934.

I

Notion de technique du corps

Je dis bien *les* techniques du corps parce qu'on peut faire la théorie de la technique du corps à partir d'une étude, d'une exposition, d'une description pure et simple *des* techniques du corps. J'entends par ce mot les façons dont les hommes, société par société, d'une façon traditionnelle, savent se servir de leur corps. En tout cas, il faut procéder du concret à l'abstrait, et non pas inversement.

Je veux vous faire part de ce que je crois être une des parties de mon enseignement qui ne se retrouve pas ailleurs, que je répète dans un cours d'Ethnologie descriptive (les livres qui contiendront les *Instructions sommaires* et les *Instructions à l'usage des ethnographes* sont à publier), et dont j'ai déjà fait l'expérience plusieurs fois dans mon enseignement de l'Institut d'Ethnologie de l'Université de Paris.

Quand une science naturelle fait des progrès, elle ne les fait jamais que dans le sens du concret, et toujours dans le sens de l'inconnu. Or, l'inconnu se trouve aux frontières des sciences, là où les professeurs « se mangent entre eux », comme dit Goethe (je dis mange, mais Goethe n'est pas si poli). C'est généralement dans ces domaines mal partagés que gisent les problèmes urgents. Ces terres en friche portent d'ailleurs une marque. Dans les sciences naturelles telles qu'elles existent, on trouve toujours une vilaine rubrique. Il y a toujours un moment où la science de certains faits n'étant pas encore réduite en concepts, ces faits n'étant pas même groupés organiquement, on plante sur ces masses de faits le jalon d'ignorance : « Divers ». C'est là qu'il faut pénétrer. On est sûr que c'est là qu'il y a des vérités à trouver : d'abord parce qu'on sait qu'on ne sait pas, et parce qu'on a le sens vif de la quantité de faits. Pendant de nombreuses années, dans mon cours d'Ethnologie descriptive, j'ai eu à enseigner en portant sur moi cette disgrâce et cet opprobre de « divers » sur un point où cette rubrique « Divers », en ethnographie, était vraiment hétéroclite. Je savais bien que la marche, la nage, par exemple, toutes sortes de choses de ce type sont spécifiques à des sociétés déterminées ; que les Polynésiens ne nagent pas comme nous, que ma génération n'a pas nagé comme la génération actuelle nage. Mais quels phénomènes sociaux étaient-ce ? C'étaient des phénomènes sociaux « divers », et, comme cette rubrique est une horreur, j'ai souvent pensé à ce « divers », au moins chaque fois que j'ai été obligé d'en parler, et souvent entre temps.

Excusez-moi si, pour former devant vous cette notion de techniques du corps, je vous raconte à quelles occasions j'ai poursuivi et comment j'ai pu poser clairement le problème général. Ce fut une série de démarches consciemment et inconsciemment faites.

D'abord, en 1898, j'ai été lié à quelqu'un dont je connais bien encore les initiales, mais dont je ne me souviens plus du nom. J'ai eu la paresse de le rechercher. C'était lui qui rédigeait un excellent article sur la « Nage » dans l'édition de la *British Encyclopaedia* de 1902, alors en cours. (Les articles « Nage » des deux éditions qui ont suivi sont devenus moins bons.) Il m'a montré l'intérêt historique et ethnographique de la question. Ce fut un point de départ, un cadre d'observation. Dans la suite — je m'en apercevais moi-même —, j'ai assisté au changement des techniques de la nage, du vivant de notre génération. Un exemple va nous mettre immédiatement au milieu des choses : nous, les psychologues, comme les biologistes et comme les sociologues. Autrefois, on nous apprenait à plonger après avoir nagé. Et quand on nous apprenait à plonger, on nous apprenait à fermer les yeux, puis à les ouvrir dans l'eau. Aujourd'hui, la technique est inverse. On commence tout l'apprentissage en habituant l'enfant à se tenir dans l'eau les yeux ouverts. Ainsi, avant même qu'ils nagent, on exerce les enfants surtout à dompter des réflexes dangereux mais instinctifs des yeux, on les familiarise avant tout avec l'eau, on inhibe des peurs, on crée une certaine assurance, on sélectionne des arrêts et des mouvements. Il y a donc une technique de la plongée et une technique de l'éducation de la plongée qui ont été trouvées de mon temps. Et vous voyez qu'il s'agit bien d'un enseignement technique et qu'il y a, comme pour toute technique, un apprentissage de la nage. D'autre part, notre génération, ici, a assisté à un changement complet de technique : nous avons vu remplacer par les différentes sortes de crawl la nage à brasse et à tête hors de l'eau. De plus, on a perdu l'usage d'avaler de l'eau et de la cracher. Car les nageurs se considéraient, de mon temps, comme des espèces de bateaux à vapeur. C'était stupide, mais enfin je fais encore ce geste : je ne peux pas me débarrasser de ma technique. Voilà donc une technique du corps spécifique, un art gymnique perfectionné de notre temps.

Mais cette spécificité est le caractère de toutes les techniques. Un exemple : pendant la guerre, j'ai pu faire des observations nombreuses sur cette spécificité des techniques. Ainsi celle de *bêcher*. Les troupes anglaises avec lesquelles j'étais ne savaient pas se servir de bêches françaises, ce qui obligeait à changer 8 000 bêches par division quand nous relevions une division française, et inversement. Voilà à l'évidence comment un tour de main ne s'apprend que lentement. Toute technique proprement dite a sa forme.

Mais il en est de même de toute attitude du corps. Chaque société a ses habitudes bien à elle. Dans le même temps, j'ai eu bien des occasions de m'apercevoir des différences d'une armée à l'autre. Une anecdote à propos de la *marche*. Vous savez tous que l'infanterie britannique marche à un pas différent du nôtre : différent de fréquence, d'une autre longueur. Je ne parle pas, pour le moment, du balancement anglais, ni de l'action du genou, etc. Or le régiment de Worcester, ayant fait des prouesses considérables pendant la bataille de l'Aisne, à côté de l'infanterie française, demanda l'autorisation royale d'avoir des sonneries et batteries françaises, une clique de clairons et de tambours français. Le résultat fut peu encourageant. Pendant près de six mois, dans les rues de Bailleul, longtemps après la bataille de l'Aisne, je vis souvent le spectacle suivant : le régiment avait conservé sa marche anglaise et il la rythmait à la française. Il avait même en tête de sa clique un petit adjudant de chasseurs à pied français qui savait faire tourner le clairon et qui sonnait les marches mieux que ses hommes. Le malheureux régiment de grands Anglais ne pouvait pas défiler. Tout était discordant de sa marche. Quand il essayait de marcher au pas, c'était la musique qui ne marquait pas le pas. Si bien que le régiment de Worcester fut obligé de supprimer ses sonneries françaises. En fait, les sonneries qui ont été adoptées d'armée à armée, autrefois, pendant la guerre de Crimée, furent des sonneries « au repos », la « retraite », etc. Ainsi j'ai vu d'une façon très précise et fréquente, non seulement pour ce qui était de la marche, mais de la course et de ce qui s'ensuit, la différence des techniques élémentaires aussi bien que sportives entre les Anglais et les Français. M. le *Pr* Curt Sachs, qui vit en ce moment parmi nous, a fait la même observation. Il en a parlé dans plusieurs de ses conférences. Il reconnaît à longue distance la marche d'un Anglais et d'un Français.

Mais ce n'étaient là que des approches vers le sujet.

Une sorte de révélation me vint à l'hôpital. J'étais malade à New York. Je me demandais où j'avais déjà vu des demoiselles marchant comme mes infirmières. J'avais le temps d'y réfléchir. Je trouvai enfin que c'était au cinéma. Revenu en France, je remarquai, surtout à Paris, la fréquence de cette démarche ; les jeunes filles étaient Françaises et elles marchaient aussi de cette façon. En fait, les modes de marche américaine, grâce au cinéma, commençaient à arriver chez nous. C'était une idée que je pouvais généraliser. La position des bras, celle des mains pendant qu'on marche forment une idiosyncrasie sociale, et non simplement un produit de je ne sais quels agencements et mécanismes purement individuels, presque entièrement psychiques. Exemple : je crois pouvoir reconnaître aussi une jeune fille qui a été élevée au couvent. Elle marche, généralement, les poings fermés. Et je me souviens encore de mon professeur de troisième m'interpellant : « Espèce d'animal, tu vas tout le temps tes grandes mains ouvertes ! » Donc il existe également une éducation de la marche.

Autre exemple : il y a des *positions de la main,* au repos, convenables ou inconvenantes. Ainsi vous pouvez deviner avec sûreté, si un enfant se tient à table les coudes au corps et, quand il ne mange pas, les mains aux genoux, que c'est un Anglais. Un jeune Français ne sait plus se tenir : il a les coudes en éventail : il les abat sur la table, et ainsi de suite.

En fin, sur la *course,* j'ai vu aussi, vous avez tous vu, le changement de la technique. Songez que mon professeur de gymnastique, sorti un des meilleurs de Joinville, vers 1860, m'a appris à courir les poings au corps : mouvement complètement contradictoire à tous les mouvements de la course ; il a fallu que je voie les coureurs professionnels de 1890 pour comprendre qu'il fallait courir autrement.

J'ai donc eu pendant de nombreuses années cette notion de la nature sociale de l'« habitus ». Je vous prie de remarquer que je dis en bon latin, compris en France, « habitus ». Le mot traduit, infiniment mieux qu'« habitude », l'« exis », l'« acquis » et la « faculté » d'Aristote (qui était un psychologue). Il ne désigne pas ces habitudes métaphysiques, cette « mémoire » mystérieuse, sujets de volumes ou de courtes et fameuses thèses. Ces « habitudes » varient non pas simplement avec les individus et leurs imitations, elles varient surtout avec les sociétés, les éducations, les convenances et les modes, les prestiges. Il faut y voir des techniques et l'ouvrage de la raison pratique collective et individuelle, là où on ne voit d'ordinaire que l'âme et ses facultés de répétition.

Ainsi tout me ramenait un peu à la position que nous sommes ici, dans notre Société, un certain nombre à avoir prise, à l'exemple de Comte : celle de Dumas, par exemple, qui, dans les rapports constants entre le biologique et le sociologique, ne laisse pas très grande place à l'intermédiaire psychologique. Et je conclus que l'on ne pouvait avoir une vue claire de tous ces faits, de la course, de la nage, etc., si on ne faisait pas intervenir une triple considération au lieu d'une unique considération, qu'elle soit mécanique et physique, comme une théorie anatomique et physiologique de la marche, ou qu'elle soit au contraire psychologique ou sociologique. C'est le triple point de vue, celui de « l'homme total », qui est nécessaire.

Enfin, une autre série de faits s'imposait. Dans tous ces éléments de l'art d'utiliser le corps humain, les faits *d'éducation* dominaient. La notion d'éducation pouvait se superposer à la notion d'imitation. Car il y a des enfants en particulier qui ont des facultés très grandes d'imitation, d'autres de très faibles, mais tous passent par la même éducation, de sorte que nous pouvons comprendre la suite des enchaînements. Ce qui se passe, c'est une imitation prestigieuse. L'enfant, l'adulte, imite des actes qui ont réussi et qu'il a vu réussir par des personnes en qui il a confiance et qui ont autorité sur lui. L'acte s'impose du dehors, d'en haut, fût-il un acte exclusivement biologique, concernant son corps. L'individu emprunte la série des mouvements dont il est composé à l'acte exécuté devant lui ou avec lui par les autres.

C'est précisément dans cette notion de prestige de la personne qui fait l'acte ordonné, autorisé, prouvé, par rapport à l'individu imitateur, que se trouve tout l'élément social. Dans l'acte imitateur qui suit se trouvent tout l'élément psychologique et l'élément biologique.

Mais le tout, l'ensemble est conditionné par les trois éléments indissolublement mêlés.

Tout ceci se rattache facilement à un certain nombre d'autres faits. Dans un livre d'Elsdon Best, parvenu ici en 1925, se trouve un document remarquable sur la façon de marcher de la femme Maori (Nouvelle-Zélande). (Ne dites pas que ce sont des primitifs, je les crois sur certains points supérieurs aux Celtes et aux Germains.) Les femmes indigènes adoptent un certain « gait » (le mot anglais est délicieux) : à savoir un balancement détaché et cependant articulé des hanches qui nous semble disgracieux, mais qui est extrêmement admiré par les Maoris. Les mères dressaient (l'auteur dit « drill ») leurs filles dans cette façon de faire qui s'appelle l'« onioi ». J'ai entendu des mères dire à leurs filles [je traduis] : « toi tu ne fais pas l'onioi », lorsqu'une petite fille négligeait de prendre ce balancement *(The Maori, 1, p. 408-9, cf. p. 135)*. C'était une façon acquise, et non pas une façon naturelle de marcher. En somme, il n'existe peut-être pas de « façon naturelle » chez l'adulte. À plus forte raison lorsque d'autres faits techniques interviennent : pour ce qui est de nous, le fait que nous marchons avec des souliers transforme la position de nos pieds ; quand nous marchons sans souliers, nous le sentons bien.

D'autre part, cette même question fondamentale se posait à moi, d'un autre côté, à propos de toutes les notions concernant la force magique, la croyance à l'efficacité non seulement physique, mais orale, magique, rituelle de certains actes. Ici, je suis peut-être encore plus sur mon terrain que sur le terrain aventureux de la psycho-physiologie des modes de la marche, où je me risque devant vous.

Voici un fait plus « primitif », australien cette fois : une formule de rituel de chasse et rituel de course en même temps. On sait que l'Australien arrive à forcer à la course les kangourous, les émous, les chiens sauvages. Il arrive à saisir l'opossum en haut de son arbre bien que l'animal offre une résistance particulière. Un de ces rituels de course, observé voici cent ans, est celui de la course au chien sauvage, le dingo, dans les tribus des environs d'Adélaïde. Le chasseur ne cesse pas de chanter la formule suivante :

frappe-le avec la houppe de plumes d'aigle (d'initiation, etc.),
frappe-le avec la ceinture,
frappe-le avec le bandeau de tête,
frappe-le avec le sang de la circoncision,
frappe-le avec le sang du bras,
frappe-le avec les menstrues de la femme,
fais-le dormir, etc.[1]

Dans une autre cérémonie, celle de *la* chasse à *l'opossum*, l'individu porte dans sa bouche un morceau de cristal de roche *(kawemukka),* pierre magique entre toutes, et chante une formule de même genre, et c'est ainsi soutenu qu'il peut dénicher

---

[1] TEICHELMANN et SCHURMANN, Outlines of a Grammar, Vocabulary, etc., Sth.-Australia, Adélaïde, 1840. Répété par EYRE, Journal, etc., II, p. 241.

l'opossum, qu'il grimpe et peut rester suspendu à sa ceinture dans l'arbre, qu'il force et qu'il peut prendre et tuer ce gibier difficile.

Les rapports entre les procédés magiques et les techniques de la chasse sont évidents, trop universels pour insister.

Le phénomène psychologique que nous constatons en ce moment est évidemment, du point de vue habituel du sociologue, trop facile à savoir et à comprendre. Mais ce que nous voulons saisir maintenant, c'est la confiance, le *momentum* psychologique qui peut s'attacher à un acte qui est avant tout un fait de résistance biologique, obtenue grâce à des mots et à un objet magique.

Acte technique, acte physique, acte magico-religieux sont confondus pour l'agent. Voilà les éléments dont je disposais.

***

Tout ceci ne me satisfaisait pas. Je voyais comment tout pouvait se décrire, mais non s'organiser ; je ne savais quel nom, quel titre donner à tout cela.

C'était très simple, je n'avais qu'à m'en référer à la division des actes traditionnels en techniques et en rites, que je crois fondée. Tous ces modes d'agir étaient des techniques, ce sont les techniques du corps.

Nous avons fait, et j'ai fait pendant plusieurs années l'erreur fondamentale de ne considérer qu'il y a technique que quand il y a instrument. Il fallait revenir à des notions anciennes, aux données platoniciennes sur la technique, comme Platon parlait d'une technique de la musique et en particulier de la danse, et étendre cette notion.

J'appelle technique un acte *traditionnel efficace* (et vous voyez qu'en ceci il n'est pas différent de l'acte magique, religieux, symbolique). Il faut qu'il soit *traditionnel et efficace*. Il n'y a pas de technique et pas de transmission, s'il n'y a pas de

20

tradition. C'est en quoi l'homme se distingue avant tout des animaux : par la transmission de ses techniques et très probablement par leur transmission orale.

Donnez-moi donc la permission de considérer que vous adoptez mes définitions. Mais quelle est la différence entre l'acte traditionnel efficace de la religion, l'acte traditionnel, efficace, symbolique, juridique, les actes de la vie en commun, les actes moraux d'une part, et l'acte traditionnel des techniques d'autre part ? C'est que celui-ci est senti par l'auteur *comme un acte d'ordre mécanique, physique ou physico-chimique* et qu'il est poursuivi dans ce but.

Dans ces conditions, il faut dire tout simplement : nous avons affaire à des *techniques du corps*. Le corps est le premier et le plus naturel instrument de l'homme. Ou plus exactement, sans parler d'instrument, le premier et le plus naturel objet technique, et en même temps moyen technique, de l'homme, c'est son corps. Immédiatement, toute cette grande catégorie de ce que, en sociologie descriptive, je classais comme « divers » disparaît de cette rubrique et prend forme et corps : nous savons où la ranger.

Avant les techniques à instruments, il y a l'ensemble des techniques du corps. Je n'exagère pas l'importance de ce genre de travail, travail de taxinomie psycho-sociologique. Mais c'est quelque chose : l'ordre mis dans des idées, là où il n'y en avait aucun. Même à l'intérieur de ce groupement de faits, le principe permettait un classement précis. Cette adaptation constante à un but physique, mécanique, chimique (par exemple quand nous buvons) est poursuivie dans une série d'actes montés, et montés chez l'individu non pas simplement par lui-même, mais par toute son éducation, par toute la société dont il fait partie, à la place qu'il y occupe.
Et de plus, toutes ces techniques se rangeaient très facilement dans un système qui nous est commun : la notion fondamentale des psychologues, surtout Rivers et Head, de la vie symbolique de l'esprit ; cette notion que nous avons de l'ac-

tivité de la conscience comme étant avant tout un système de montages symboliques.

Je n'en finirais plus si je voulais vous montrer tous les faits que nous pourrions énumérer pour faire voir ce concours du corps et des symboles moraux ou intellectuels. Regardons-nous en ce moment nous-mêmes. Tout en nous tous se commande. Je suis en conférencier avec vous ; vous le voyez à ma posture assise et à ma voix, et vous m'écoutez assis et en silence. Nous avons un ensemble d'attitudes permises ou non, naturelles ou non. Ainsi nous attribuerons des valeurs différentes au fait de regarder fixement : symbole de politesse à l'armée, et d'impolitesse dans la vie courante.

II

Principes de classification
des techniques du corps

Deux choses étaient immédiatement apparentes à partir de cette notion de techniques du corps : elles se divisent et varient par sexes et par âges.

1. Division des techniques du corps entre les sexes (et non pas simplement division du travail entre les sexes). — La chose est assez considérable. Les observations de Yerkes et de Köhler sur la position des objets par rapport au corps et spécialement au giron, chez le singe, peuvent inspirer des remarques générales sur la différence d'attitudes des corps en mouvement par rapport à des objets en mouvement dans les deux sexes. Il y a d'ailleurs, sur ce point, des observations classiques chez l'homme. Il faudrait les compléter. Je me permets d'indiquer à mes amis psychologues cette série de recherches. J'y ai peu de compétence et, d'autre part, n'en aurais pas le temps. Prenons la façon de fermer le poing. L'homme serre normalement le poing le pouce en dehors, la femme le serre le pouce en dedans ; peut-être parce qu'elle n'y a pas été éduquée, mais je suis certain que, si on l'éduquait, ce serait difficile. Le coup de poing, le lancer du coup sont mous. Et tout le monde sait que le lancer de la femme, le jet de pierre est, non seulement mou, mais toujours différent de celui de l'homme : plan vertical au lieu d'horizontal.

Peut-être y a-t-il là le cas de deux instructions. Car il y a une société des hommes et une société des femmes. Je crois cependant qu'il y a peut-être aussi des choses biologiques et d'autres psychologiques, à trouver. Mais là, encore une fois, le psychologue tout seul ne pourra donner que des explications douteuses, et il lui faut la collaboration de deux sciences voisines : physiologie, sociologie.

23

2. Variation des techniques du corps avec les âges.
— L'enfant s'accroupit normalement. Nous ne savons plus nous accroupir. Je considère que c'est une absurdité et une infériorité de nos races, civilisations, sociétés. Un exemple. J'ai vécu au front avec les Australiens (blancs). Ils avaient sur moi une supériorité considérable. Quand nous faisions halte dans les boues ou dans l'eau, ils pouvaient s'asseoir sur leurs talons, se reposer, et la « flotte », comme on disait, restait au-dessous de leurs talons. J'étais obligé de rester debout dans mes bottes, tout le pied dans l'eau. La position accroupie est, à mon avis, une position intéressante que l'on peut conserver à un enfant. La plus grosse erreur est de la lui enlever. Toute l'humanité, excepté nos sociétés, l'a conservée.

Il semble d'ailleurs que, dans la suite des âges de la race humaine, cette posture ait également changé d'importance. Vous vous rappelez qu'autrefois on considérait comme un signe de dégénérescence l'arcature des membres inférieurs. On a donné de ce trait de race une explication physiologique. Celui que Virchow encore considérait comme un malheureux dégénéré et qui n'est rien moins que l'homme dit de Néandertal avait les jambes arquées. C'est qu'il vivait normalement accroupi. Il y a donc des choses que nous croyons de l'ordre de l'hérédité qui sont en réalité d'ordre physiologique, d'ordre psychologique et d'ordre social. Une certaine forme des tendons et même des os n'est que la suite d'une certaine forme de se porter et de se poser. C'est assez clair. Par ce procédé, il est possible non seulement de classer les techniques, mais de classer leurs variations par âge et par sexe.

Cette classification par rapport à laquelle toutes les classes de la société se divisent étant posée, on peut en entrevoir une troisième.

3. Classement des techniques du corps par rapport au rendement. — Les techniques du corps peuvent se classer par rapport à leur rendement, par rapport aux résultats de dressage. Le dressage, comme le montage d'une machine, est la recherche, l'acquisition d'un rendement. Ici, c'est un rendement humain. Ces techniques sont donc les normes humaines du dressage humain. Ces procédés que nous appliquons aux animaux, les hommes se les sont volontairement appliqués à eux-mêmes et à leurs enfants. Ceux-ci sont probablement les premiers êtres qui aient été ainsi dressés, avant tous les animaux, qu'il fallut d'abord apprivoiser. Je pourrais par conséquent les comparer dans une certaine mesure, elles-mêmes et leur transmission, à des dressages, les ranger par ordre d'efficacité.

Ici se place la notion, très importante en psychologie comme en sociologie, d'adresse. Mais en français nous n'avons qu'un mauvais terme, « habile », qui traduit mal le mot latin « habilis », bien meilleur pour désigner les gens qui ont le sens de l'adaptation de tous leurs mouvements bien coordonnés aux buts, qui ont des habitudes, qui « savent y faire ». C'est la notion anglaise de « craft », de « clever » (adresse et présence d'esprit et habitude), c'est l'habileté à quelque chose. Encore une fois, nous sommes bien dans le domaine technique.

4. Transmission de la forme des techniques. — Dernier point de vue : l'enseignement des techniques étant essentiel, nous pouvons les classer par rapport à la nature de cette éducation et de ce dressage. Et voilà un nouveau champ d'études : des foules de détails inobservés et dont il faut faire l'observation, composent l'éducation physique de tous les âges et des deux sexes. L'éducation de l'enfant est pleine de ce qu'on appelle des détails, mais qui sont essentiels. Soit le problème de l'ambidextrie, par exemple : nous observons mal les mouvements de la main droite et ceux de la main gauche et savons mal combien tous sont appris. On reconnaît de prime abord un pieux musulman : même lorsqu'il a une fourchette et un couteau (ce qui est rare), il fera tout l'impossible pour ne se servir que de sa main droite. Il ne doit jamais toucher à la nourriture avec sa gauche, à certaines parties de son corps avec sa droite. Pour savoir pourquoi il ne fait pas tel geste et fait tel autre, il ne suffit ni de physiologie ni de psychologie de la dissymétrie motrice chez l'homme, il faut connaître les traditions qui l'imposent. Robert Hertz a bien posé ce problème[1]. Mais des réflexions de ce genre et d'autres peuvent s'appliquer à tout ce qui est choix social des principes des mouvements.

Il y a lieu d'étudier tous les modes de dressage, d'imitation et tout particulièrement ces façons fondamentales que l'on peut appeler le mode de vie, le modus, le tonus, la « matière », les « manières », la « façon ».

Voilà une première classification, ou plutôt quatre points de vue.

---

[1] La Prééminence de la main droite. Réimprimé dans Mélanges de Sociologie religieuse et de folklore, Alcan.

III

Énumération biographique
des techniques du corps

Une tout autre classification est, je ne dirai pas plus logique, mais plus facile pour l'observateur. C'est une énumération simple. J'avais projeté de vous présenter une série de petits tableaux, comme en préparent les professeurs américains. Nous allons tout simplement suivre à peu près les âges de l'homme, la biographie normale d'un individu, pour ranger les techniques du corps qui le concernent ou qu'on lui apprend.

1. Techniques de la naissance et de l'obstétrique. — Les faits sont relativement mal connus, et beaucoup de renseignements classiques sont discutables[1]. Parmi les bons sont ceux de Walther Roth, à propos des tribus australiennes du Queensland et de la Guyane britannique.

Les formes de l'obstétrique sont très variables. L'enfant Bouddha est né, sa mère, Mâya, se tenant droite accrochée à une branche d'arbre. Elle a accouché debout. Une bonne partie des femmes de l'Inde accouchent encore ainsi. Des choses que nous croyons normales, à savoir l'accouchement dans la position couchée sur le dos, ne sont pas plus normales que les autres, par exemple les positions à quatre pattes. Il y a des techniques de l'accouchement, soit du côté de la mère, soit du côté de ses aides, de la saisie de l'enfant ; ligature et section du cordon ; soins de la mère ; soins de l'enfant. Voilà une certaine quantité de questions qui sont assez considérables. En voici d'autres : le choix de l'enfant, l'exposition des infirmes, la mise à mort des jumeaux sont des moments décisifs dans l'histoire

---

[1] Même les dernières éditions du PLOSS, Das Weib (éditions de Bartels, etc.), laissent à désirer sur ce point.

d'une race. Dans l'histoire ancienne comme dans les autres civilisations, la reconnaissance de l'enfant est un événement capital.

2. Techniques de l'enfance. — Élevage *et nourriture de l'enfant.* — *Attitudes* des deux êtres en rapport : la mère et l'enfant. Considérons l'enfant : la succion, etc., le portage, etc. L'histoire du portage est très importante. L'enfant porté à même la peau de sa mère pendant deux ou trois ans a une tout autre attitude vis-à-vis de sa mère qu'un enfant non porté[1] ; il a un contact avec sa mère tout autre que l'enfant de chez nous. Il s'accroche au cou, à l'épaule, il est à califourchon sur la hanche. C'est une gymnastique remarquable, essentielle pour toute sa vie. Et c'est une autre gymnastique pour la mère que de le porter. Même il semble qu'il y ait ici naissance d'états psychiques disparus de nos enfances. Il y a des contacts de sexes et de peaux, etc.

Sevrage. — *Très* long à se faire, généralement deux et trois ans. Obligation de nourrir, quelquefois même obligation de nourrir des animaux. La femme est très longue à se sevrer de son lait. Il y a, de plus, des relations entre le sevrage et la reproduction, des arrêts de la reproduction pendant le sevrage[2].

L'humanité peut assez bien se diviser en gens à berceaux et gens sans berceaux. Car il y a des techniques du corps qui supposent un instrument. Dans les pays à berceaux se rangent presque tous les peuples des deux hémisphères nord, ceux de la région andine, ainsi qu'un certain nombre de populations de l'Afrique centrale. Dans ces deux derniers groupes, l'usage du berceau coïncide avec la déformation crânienne (qui a peut-être de graves conséquences physiologiques).

---

[1] Des observations commencent à être publiées sur ce point.

[2] La grande collection de faits rassemblés par Ploss, refaite par Bartels, est satisfaisante sur ce point.

L'enfant après sevrage. — *Il* sait manger et boire ; il est éduqué à la marche ; on exerce sa vision, son oreille, ses sens du rythme et de la forme et du mouvement, souvent pour la danse et la musique.

Il reçoit les notions et les usages d'assouplissement, de respiration. Il prend certaines postures, qui lui sont souvent infligées.

3. Techniques de l'adolescence. — À observer surtout chez l'homme. Moins importantes chez les filles dans les sociétés à l'étude desquelles un cours d'Ethnologie est destiné. Le grand moment de l'éducation du corps est, en effet, celui de l'initiation. Nous nous imaginons, en vertu de la façon dont nos fils et filles sont élevés, que les uns et les autres acquièrent les mêmes manières et postures et reçoivent le même entraînement partout. Cette idée est déjà erronée chez nous — elle est totalement fausse en pays dits primitifs. De plus, nous décrivons les faits comme s'il avait toujours et partout existé quelque chose du genre de l'école de chez nous qui débute tout de suite et doit garder et dresser l'enfant à la vie. C'est le contraire qui est la règle. Par exemple : dans toutes les sociétés noires, l'éducation du garçon s'intensifie à son âge pubère, celle des femmes restant pour ainsi dire traditionnelle. Il n'y a pas d'école pour les femmes. Elles sont à l'école de leurs mères et s'y forment constamment, pour passer, sauf exceptions, directement à l'état d'épouses. L'enfant mâle entre dans la société des hommes où il apprend son métier et surtout son métier militaire. Cependant, pour les hommes comme pour les femmes, le moment décisif est celui de l'adolescence. C'est à ce moment qu'ils apprennent définitivement les techniques du corps qu'ils garderont pendant tout leur âge adulte.

4. Techniques de l'âge adulte. — Pour inventorier celles-ci, on peut suivre les divers moments de la journée où se répartissent les mouvements coordonnés et arrêts.

Nous pouvons distinguer le sommeil et la veille et, dans la veille, le repos et l'activité.

1° Techniques du sommeil. — La notion que le coucher est quelque chose de naturel est complètement inexacte. Je peux vous dire que la guerre m'a appris à dormir partout, sur des tas de cailloux par exemple, mais que je n'ai jamais pu changer de lit sans avoir un moment d'insomnie : ce n'est qu'au deuxième jour que je peux m'endormir vite.

Ce qui est très simple, c'est que l'on peut distinguer les sociétés qui n'ont rien pour dormir, sauf « la dure », et les autres qui s'aident d'instrument. La « civilisation par 150 de latitude » dont parle Graebner[1] se caractérise entre autres par l'usage pour dormir d'un banc pour la nuque. L'accoudoir est souvent un totem, quelquefois sculpté de figures accroupies d'hommes, d'animaux totémiques. - Il y a les gens à natte et les gens sans natte (Asie, Océanie, une partie de l'Amérique). - Il y a les gens à oreillers et les gens sans oreillers. - Il y a les populations qui se mettent très serrées en rond pour dormir, autour d'un feu, ou même sans feu. Il y a des façons primitives de se réchauffer et de chauffer les pieds. Les Fuégiens, qui vivent dans un endroit très froid, ne savent que se chauffer les pieds au moment où ils dorment, n'ayant qu'une seule couverture de peau (guanaco). - Il y a enfin le sommeil debout. Les Masaïs peuvent dormir debout. J'ai dormi debout en montagne. J'ai dormi souvent à cheval, même en marche quelquefois : le cheval était plus intelligent que moi. Les vieux historiens des invasions nous représentent Huns et Mongols dormant, à cheval. C'est encore vrai, et leurs cavaliers dormant n'arrêtant pas la marche des chevaux.

Il y a l'usage de la couverture. Gens qui dorment couverts et non couverts. Il y a le hamac et la façon de dormir suspendu.

Voilà une grande quantité de pratiques qui sont à la fois des techniques du corps et qui sont profondes en retentissements et

---

[1] GRAEBNER, Ethnologie, Leipzig, 1923.

effets biologiques. Tout ceci peut et doit être observé sur le terrain, des centaines de ces choses sont encore à connaître.

2° Veille : Techniques du repos. — Le repos peut être repos parfait ou simple arrêt : couché, assis, accroupi, etc. Essayez de vous accroupir. Vous verrez la torture que vous donne, par exemple, un repas marocain pris suivant tous les rites. La façon de s'asseoir est fondamentale. Vous pouvez distinguer l'humanité accroupie et l'humanité assise. Et, dans celle-ci, distinguer les gens à bancs et les gens sans bancs et estrades ; les gens à sièges et les gens sans sièges. Le siège de bois porté par des figures accroupies est répandu, chose très remarquable, dans toutes les régions du quinzième degré de latitude nord et de l'Équateur des deux continents[1]. Il y a les gens qui ont des tables et les gens qui n'en ont pas. La table, la « trapeza » grecque, est loin d'être universelle. Normalement, c'est encore un tapis, une natte, dans tout l'Orient. Tout ceci est assez compliqué, car ces repos comportent le repas, la conversation, etc. Certaines sociétés prennent leurs repos dans des positions singulières. Ainsi toute l'Afrique Nilotique et une partie de la région du Tchad, jusqu'au Tanganyka, est peuplée par des hommes qui, aux champs, se mettent en échassiers pour se reposer. Un certain nombre réussit à rester sur un seul pied sans perche, d'autres s'appuient sur un bâton. Ce sont là de véritables traits de civilisations, communs à un grand nombre, à des familles entières de peuples, que forment ces techniques du repos. Bien ne semble plus naturel à des psychologues ; je ne sais pas s'ils sont tout à fait de mon avis, mais je crois que ces postures dans la savane sont dues à la hauteur des herbes, à la fonction de berger, de sentinelles, etc. ; elles sont difficilement acquises par éducation et conservées.

Vous avez le repos actif, généralement esthétique ; ainsi est fréquente même la danse au repos, etc. Nous reviendrons là-dessus.

---

[1] Ceci est une des bonnes observations de GRAEBNER, ibid.

3° Techniques de l'activité, du mouvement. — Par définition, le repos, c'est l'absence de mouvements, le mouvement, l'absence de repos. Voici une énumération pure et simple :

Mouvements du corps entier : ramper ; fouler ; marcher. *La marche* : habitus du corps debout en marchant, respiration, rythme de la marche, balancement des poings, des coudes, progression le tronc en avant du corps ou par avancement des deux côtés du corps alternativement (nous avons été habitués à avancer tout le corps d'un coup). Pieds en dehors, pieds en dedans. Extension de la jambe. On se moque du « pas de l'oie ». C'est le moyen pour l'armée allemande d'obtenir le maximum d'extension de la jambe, étant donné surtout que l'ensemble des hommes du Nord, hauts sur jambes, ont le goût de faire le pas le plus long possible. Faute de ces exercices, un grand nombre d'entre nous, en France, restons à quelques degrés cagneux du genou. Voilà une de ces idiosyncrasies qui sont à la fois de race, de mentalité individuelle et de mentalité collective. Les techniques comme celles du demi-tour sont des plus curieuses. Le demi-tour « par principe » à l'anglaise est si différent du nôtre que c'est toute une étude de l'apprendre.

Course. — Position du pied, position des bras, respiration, magie de la course, endurance. J'ai vu à Washington le chef de la Confrérie du feu des Indiens Hopi qui venait, avec quatre de ses hommes, protester contre la défense de se servir de certains alcools pour leurs cérémonies. C'était certainement le meilleur coureur du monde. Il avait fait 250 milles sans arrêt. Tous ces Pueblos sont coutumiers de hauts faits physiques de toutes sortes. Hubert, qui les avait vus, les comparait physiquement aux athlètes japonais. Ce même Indien était un danseur incomparable.

Enfin, nous arrivons à des techniques de repos actif qui ne relèvent pas simplement de l'esthétique, mais aussi des jeux du corps.

Danse. — Vous avez peut-être assisté aux leçons de M. von Hornbostel et de M. Curt Sachs. Je vous recommande la très belle histoire de la danse de ce dernier[1]. J'admets leur division en danses au repos et danses en action. J'admets peut-être moins l'hypothèse qu'ils font sur la répartition de ces danses. Ils sont victimes de l'erreur fondamentale sur laquelle vit une partie de la sociologie. Il y aurait des sociétés à descendance exclusivement masculine et d'autres à descendance utérine. Les unes, féminisées, danseraient plutôt sur place ; les autres, à descendance par les mâles, mettraient leur plaisir dans le déplacement.

M. Curt Sachs a mieux classé ces danses en danses extraverties et danses intraverties. Nous sommes en pleine psychanalyse, probablement assez fondée ici. En vérité, le sociologue doit voir les choses d'une façon plus complexe. Ainsi, les Polynésiens, et les Maoris en particulier, se trémoussent très fort, même sur place, ou se déplacent très fort lorsqu'ils ont la place pour ce faire.

Il y a à distinguer la danse des hommes et celle des femmes, souvent opposées.

Enfin, il faut savoir que la danse enlacée est un produit de la civilisation moderne d'Europe. Ce qui vous démontre que des choses tout à fait naturelles pour nous sont historiques. Elles sont d'ailleurs sujet d'horreur pour le monde entier, sauf pour nous.

Je passe aux techniques du corps qui font même fonction de métiers et partie de métiers ou de techniques plus complexes.

Saut. — Nous avons assisté à la transformation de la technique du saut. Nous avons tous sauté à partir d'un tremplin et, encore une fois, de face. Ceci a heureusement cessé. Actuellement, on saute, heureusement, de côté. Saut en longueur, largeur, profondeur. Saut de position, saut à la perche. Ici,

---

[1] Curt SACHS, Weltgeschichte des Tanzes, Berlin, 1933.

nous retrouvons les sujets de réflexion de nos amis Köhler, Guillaume et Meyerson : la psychologie comparée de l'homme et des animaux. Je cesse d'en parler. Ces techniques varient infiniment.

Grimper. — Je peux vous dire que je suis très mauvais grimpeur à l'arbre — passable en montagne et sur le rocher. Différence d'éducation, par conséquent de méthode.

Une méthode d'ascension à l'arbre avec la ceinture ceignant l'arbre et le corps est capitale, chez tous les soi-disant primitifs. Or, nous n'avons chez nous même pas l'emploi de cette ceinture. Nous voyons l'ouvrier des télégraphes grimper avec ses crampons seuls et sans ceinture. On devrait leur apprendre ce procédé[1].

L'histoire des méthodes d'alpinisme est tout à fait remarquable. Elle a fait des progrès fabuleux pendant mon existence.

Descente. — Rien n'est plus vertigineux que de voir un Kabyle descendre avec des babouches. Comment peut-il tenir et ne pas perdre ses babouches ? J'ai essayé de voir, de faire, je ne comprends pas.

Je ne comprends pas non plus d'ailleurs comment les dames peuvent marcher avec leurs hauts talons. Ainsi il y a tout à observer, et non pas seulement à comparer.

Nage. — *Je* vous ai dit ce que j'en pensais. Plonger, nager ; utilisations de moyens supplémentaires : outres, planches, etc. Nous sommes sur la voie de l'invention de la navigation. J'ai été un de ceux qui ont critiqué le livre des de Rougé sur l'Australie, montré leurs plagiats, cru à leurs graves inexactitudes. Avec tant d'autres je réputais fable leur récit : ils avaient vu cavalcader de grandes tortues de mer par les Niol-Niol (W. Australia N.). Or nous avons maintenant d'excellentes photographies où l'on voit ces gens chevauchant des tortues. De la même façon,

---

[1] Je viens de le voir enfin utilisé (printemps 1935).

l'histoire du morceau de bois sur lequel on nage a été notée par Rattray pour les *Ashanti (vol. 1)*. De plus, elle est certaine pour les indigènes de presque toutes les lagunes de Guinée, de Porto-Novo, de nos propres colonies.

Mouvements de force. — Pousser, tirer, lever. Tout le monde sait ce que c'est qu'un coup de reins. C'est une technique apprise et non pas une simple série de mouvements.

Lancer, jeter en l'air, en surface, etc. ; la façon de tenir l'objet à lancer dans ses doigts est remarquable et comporte de grandes variations.

Tenir. Tenir avec les dents. Usage des doigts de pied, de l'aisselle, etc.

Toute cette étude des mouvements mécaniques est bien entamée. C'est la formation de couples mécaniques avec le corps. Vous vous rappelez bien la grande théorie de Reulaux sur la formation de ces couples. Et on se souvient ici du grand nom de Farabeuf. Dès que je me sers de mon poing, à plus forte raison lorsque l'homme a eu « le coup de poing chelléen » en main, des « couples » sont formés.

Ici se placent tous les tours de main, les passe-passe, l'athlétisme, l'acrobatie, etc. Je dois vous dire que j'ai eu la plus grande admiration pour les prestidigitateurs, les gymnastes, et je ne cesse pas de l'avoir.

4° Techniques des soins du corps. Frottage, lavage, savonnage. — Ce dossier est presque d'hier. Les inventeurs du savon ne sont pas les Anciens, ils ne se savonnaient pas. Ce sont les Gaulois. Et d'autre part, indépendamment, toute l'Amérique Centrale et celle du Sud (Nord-Est) se savonnaient avec le bois de Panama, le « brazil », d'où le nom de cet empire.

Soins de la bouche. — Technique du tousser et du cracher. Voici une observation personnelle. Une petite fille ne savait pas cracher et chacun de ses rhumes en était aggravé. Je me suis informé. Dans le village de son père et dans la famille de son père particulièrement, au Berry, on ne sait pas cracher. Je lui ai appris à cracher. Je lui donnai quatre sous par crachat. Comme elle était désireuse d'avoir une bicyclette, elle a appris à cracher. Elle est la première de la famille à savoir cracher.

Hygiène des besoins naturels. — Ici, je pourrais vous énumérer des faits sans nombre.

5° Technique de la consommation. Manger. — Vous vous rappelez l'anecdote du shah de Perse, répétée par Höffding. Le shah, invité de Napoléon 111, mangeait avec ses doigts ; l'empereur insiste pour qu'il se serve d'une fourchette d'or. « Vous ne savez pas de quel plaisir vous vous privez », lui répond le Shah.

Absence et usage du couteau. Une énorme erreur de fait est celle de Mac Gee qui crut avoir observé que les Seri (presqu'île de la Madeleine, Californie), étant dénués du sens du couteau, étaient les plus primitifs des hommes. Ils n'ont pas de couteau pour manger, voilà tout.

Boisson. — *Il* est très utile d'apprendre aux enfants à boire à même la source, le jet, etc., ou dans des traces d'eau, etc., à boire à la régalade, etc.

6° Techniques de la reproduction. — Rien n'est plus technique que les positions sexuelles. Très peu d'auteurs ont eu le courage de parler de cette question. Il faut être reconnaissant à M. Krauss d'avoir publié sa grande collection *d'Anthropophyteia.* Considérons par exemple la technique de la position sexuelle qui consiste en ceci : la femme a les jambes suspendues par les genoux aux coudes de l'homme. C'est une technique *spécifique* de tout le Pacifique, depuis l'Australie jusqu'au fond du Pérou, en passant par le détroit de Behring — pour ainsi dire très rare ailleurs.

Il y a toutes les techniques des actes sexuels normaux et anormaux. Attouchements par sexe, mélange des souffles, baisers, etc. Ici les techniques et la morale sexuelles sont en étroits rapports.

7° Il y a enfin les *techniques des soins, de l'anormal : mas-*sages, etc. Mais passons.

IV

Considérations générales

Des questions générales vous intéresseront peut-être plus que ces énumérations de techniques que j'ai trop longuement traitées devant vous.

Ce qui ressort très nettement de celles-ci, c'est que nous nous trouvons partout en présence de montages physio-psycho-sociologiques de séries d'actes. Ces actes sont plus ou moins habituels et plus ou moins anciens dans la vie de l'individu et dans l'histoire de la société.

Allons plus loin : l'une des raisons pour lesquelles ces séries peuvent être montées plus facilement chez l'individu, c'est précisément parce qu'elles sont montées par et pour l'autorité sociale. Caporal, voici comment j'enseignais la raison de l'exercice en rang serré, la marche par quatre et au pas. Je défendais de marcher au pas et de se mettre en rang et en deux files par quatre, et j'obligeais l'escouade à passer entre deux des arbres de la cour. Ils se marchaient les uns sur les autres. Ils se sont rendu compte que ce qu'on leur faisait faire n'était pas si bête. Il y a dans tout l'ensemble de la vie en groupe une espèce d'éducation des mouvements en rang serré.

Dans toute société, tout le monde sait et doit savoir et apprendre ce qu'il doit dans toutes conditions. Naturellement, la vie sociale n'est pas exempte de stupidité et d'anormalités. L'erreur peut être un principe. La marine française n'apprend que depuis peu à nager à ses matelots. Mais exemple et ordre, voilà le principe. Il y a donc une forte cause sociologique à tous ces faits. Vous m'en rendrez, j'espère, raison.

D'autre part, puisque ce sont des mouvements du corps, tout suppose un énorme appareil biologique, physiologique.

Quelle est l'épaisseur de la roue d'engrenage psychologique ?
Je dis exprès roue d'engrenage. Un comtiste dirait qu'il n'y a
pas d'intervalle entre le social et le biologique. Ce que je peux
vous dire, c'est que je vois ici les faits psychologiques comme
engrenage et que je ne les vois pas comme causes, sauf dans
les moments de création ou de réforme. Les cas d'invention, de
positions de principes sont rares. Les cas d'adaptation sont une
chose psychologique individuelle. Mais généralement, ils sont
commandés par l'éducation, et au moins par les circonstances
de la vie en commun, du contact.

D'autre part, il y a deux grosses questions à l'ordre du jour
de la psychologie : celle de la capacité individuelle, de l'orien-
tation technique et celle de la caractéristique, de la biotypo-
logie, qui peuvent concourir avec cette brève recherche que
nous venons de faire. Les grands progrès de la psychologie
dans les derniers temps n'ont pas été faits, à mon avis, à propos de chacune des soi-disant facultés de la psychologie, mais
en psychotechnique, et en analyse des « touts » psychiques.

Ici, l'ethnologue rencontre les grosses questions des possibi-
lités psychiques de telle et telle race et de telle et telle biologie
de tel et tel peuple. Ce sont des questions fondamentales. Je
crois qu'ici encore, quoi qu'il semble, nous sommes en présence
de phénomènes biologico-sociologiques. Je crois que l'éducation
fondamentale de toutes ces techniques consiste à faire adapter
le corps à son usage. Par exemple, les grandes épreuves de
stoïcisme, etc., qui constituent l'initiation dans la plus grande
partie de l'humanité, ont pour but d'apprendre le sang-froid, la
résistance, le sérieux, la présence d'esprit, la dignité, etc. La
principale utilité que je vois à mon alpinisme d'autrefois fut
cette éducation de mon sang-froid qui me permit de dormir debout sur le moindre replat au bord de l'abîme.

Je crois que toute cette notion de l'éducation des races qui
se sélectionnent en vue d'un rendement déterminé est un des
moments fondamentaux de l'histoire elle-même : éducation de

la vue, éducation de la marche — monter, descendre, courir. — C'est en particulier dans l'éducation du sang-froid qu'elle consiste. Et celui-ci est avant tout un mécanisme de retardement, d'inhibition de mouvements désordonnés ; ce retardement permet une réponse ensuite coordonnée de mouvements coordonnés partant alors dans la direction du but alors choisi. Cette résistance à l'émoi envahissant est quelque chose de fondamental dans la vie sociale et mentale. Elle sépare entre elles, elle classe même les sociétés dites primitives : suivant que les réactions y sont plus ou moins brutales, irréfléchies, inconscientes, ou au contraire isolées, précises, commandées par une conscience claire.

C'est grâce à la société qu'il y a une intervention de la conscience. Ce n'est pas grâce à l'inconscience qu'il y a une intervention de la société. C'est grâce à la société qu'il y a sûreté des mouvements prêts, domination du conscient sur l'émotion et l'inconscience. C'est par raison que la marine française obligera ses matelots à apprendre à nager.

De là, nous viendrions aisément à des problèmes beaucoup plus philosophiques.

Je ne sais pas si vous avez fait attention à ce que notre ami Granet a déjà indiqué de ses grandes recherches sur les techniques du Taoïsme, les techniques du corps, de la respiration en particulier. J'ai assez fait d'études dans les textes sanskrits du Yoga pour savoir que les mêmes faits se rencontrent dans l'Inde. Je crois que précisément il y a, même au fond de tous nos états mystiques, des techniques du corps qui n'ont pas été étudiées, et qui furent parfaitement étudiées par la Chine et par l'Inde, dès des époques très anciennes. Cette étude socio-psycho-biologique de la mystique doit être faite. Je pense qu'il y a nécessairement des moyens biologiques d'entrer en « communication avec le Dieu ». Quoiqu'enfin la technique des souffles, etc., ne soit le point de vue fondamental que dans l'Inde et la Chine, je la crois beaucoup plus généralement répandue. En tout cas, nous avons sur ce point des moyens de comprendre un grand nombre de faits, que nous n'avons pas jusqu'ici compris. Je crois même que toutes les découvertes récentes en réflexo-thérapie méritent notre attention, à nous, sociologues, après celle des biologistes et celle des psychologues... beaucoup plus compétents que nous.

DOSSIER DOCUMENTAIRE ILLUSTRÉ

**Par
Jean-David Haddad**

Professeur agrégé d'économie et
de sciences sociales, éditeur

L'angle mort méthodologique,
de Coubertin à Mauss :
l'oubli des puissances morphologiques
et la mise à l'écart de la femme

Il est tentant, lorsqu'on compare Marcel Mauss à Pierre de Coubertin, de souligner à quel point le premier paraît progressiste à côté du second.

Coubertin, père des Jeux olympiques modernes, assumait crûment sa vision du sport comme une affaire d'hommes, de muscles et de virilité. Il refusait la participation des femmes, au nom de l'esthétique et de la tradition, affirmant que leur rôle devait se limiter à « couronner les vainqueurs ». C'est une misogynie active, théorisée, structurante.

À l'inverse, Mauss ne rejette pas les femmes. Dans *Les techniques du corps* (1934), il les mentionne à plusieurs reprises : portage, accouchement, marche, allaitement. Il reconnaît que les techniques corporelles sont socialement acquises, genrées, transmises. Et lorsqu'il observe que « les femmes lancent mal un javelot », il ne conclut pas à une infériorité naturelle : il interroge. Est-ce une question de constitution ? D'entraînement ? D'éducation ? Sa prudence tranche avec l'idéologie de Coubertin. Mais c'est précisément là que réside la limite profonde – et invisible – de sa méthode. Car Mauss ne remet jamais en cause le geste lui-même comme critère de puissance. Le javelot, la course, le saut, la projection linéaire, la frappe : tous les gestes sur lesquels il s'appuie comme étalons sont des gestes conçus pour des morphologies masculines. Il observe que les femmes ne les reproduisent pas aussi bien, sans jamais se demander si d'autres gestes, adaptés à d'autres structures corporelles, pourraient révéler d'autres formes de puissance. Une femme à morphologie pyramidale – base large, fessier développé, cuisses denses – ne brillera pas au lancer de javelot. Ce n'est pas son angle d'attaque naturel. Mais cela ne signifie pas qu'elle est « faible » ou « mal entraînée ». Cela signifie que le référentiel est biaisé. Qu'on mesure un triangle avec une règle droite. Et ce biais, Mauss ne le voit pas. Il enregistre l'écart, mais ne pense pas la possibilité d'un autre modèle. C'est là l'angle mort méthodologique : la forme du corps n'est jamais pensée comme une technique en soi. Mauss note les écarts, sans envisager qu'ils pourraient produire leurs propres stratégies gestuelles : l'écrasement, l'ancrage, la capture, l'enveloppement, la poussée horizontale. Autrement dit, le corps féminin est décrit, mais jamais envisagé comme puissance alternative. Il reste une variation autour d'un modèle implicite masculin. Là où Coubertin excluait, Mauss invisibilise. Là où l'un interdit l'accès, l'autre oublie de poser les bonnes questions. Il ne s'agit pas ici de disqualifier Mauss, mais de reprendre le fil qu'il a laissé en suspens. S'il avait vraiment pris au sérieux la notion de « technique du corps » comme production culturelle située, il aurait dû en déduire que chaque structure corporelle, chaque morphologie, chaque géométrie de chair contient une grammaire gestuelle propre.

À nous, désormais, de faire ce qu'il n'a pas fait : penser le corps féminin non pas par défaut du masculin, mais comme matrice de techniques spécifiques. C'est ce que nous allons faire dans le dossier documentaire explosif qui suit. Explosif car il remet en question toute une partie de nos représentations sociales, et à travers cela, de vos vies quotidiennes.

Pierre de Coubertin (1863-1937)

Marcel Mauss (1872-1950)

Coup de poing vs coup de hanche !
Ou comment intégrer l'architecture des corps dans nos gestes

Dans son texte fondateur *Les techniques du corps* (1934), que vous venez – en principe – de lire (ou peut-être juste effleurer entre deux scrolls Instagram), Marcel Mauss posait une idée aussi simple que révolutionnaire : nos gestes, nos manières de marcher, de courir, de dormir, de nous battre ne sont pas naturels. Ils sont transmis, appris, codifiés. Ce sont des « faits sociaux totaux », qui dépendent de la culture, du sexe, de l'âge, de la classe, du moment historique. Bref, le corps est une construction sociale, une archive vivante de normes invisibles.

Jusque-là, tout le monde applaudit. Mais si l'on prend au sérieux cette idée, il devient difficile de ne pas voir à quel point nos sociétés continuent de véhiculer des visions étroites – et profondément genrées – du corps dit « puissant ». Car au fond, le corps que l'on valorise, que l'on entraîne, que l'on célèbre, c'est toujours un peu le même : un corps sec, rapide, explosif, musclé juste ce qu'il faut là où il faut, pensé pour frapper. Le geste-roi, c'est le coup de poing : droit, frontal, viril. Un geste noble, technique, spectaculaire. Tout le contraire du coup de hanche.

Le coup de hanche ? Il vous fait rire, n'est-ce pas ? Il est ignoré, moqué, sexualisé ou classé « non technique ». Trop lent, trop enveloppant, trop féminin. Et pourtant, il peut être si efficace. Et c'est là qu'on voit à quel point les techniques du corps sont tout sauf neutres : elles hiérarchisent, elles excluent, elles reconduisent des récits de genre profondément ancrés. Même une certaine pensée féministe contemporaine – occupée à nier les différences entre les corps plutôt qu'à valoriser celui de la femme, ou à réduire la lutte à une affaire de droits et de consentement – peine à s'emparer de cette question. Ce que les femmes peuvent faire avec leur corps, en tant que corps différent, n'est tout simplement pas pensé.

Tout se passe comme si certains gestes avaient été sanctuarisés (le poing levé), tandis que d'autres, plus circulaires, plus denses, plus enracinés, avaient été jetés dans les limbes de la non-technique. Marcel Mauss nous a donné les clés. Mais la société, elle, s'est arrêtée au seuil. Elle continue à former des corps standardisés, à invisibiliser les puissances non conformes, à imposer une vision masculine de l'efficacité physique. À nous, maintenant, d'aller plus loin – de prendre le corps au mot. Et de le faire parler. Mais pour cela, il faut reconnaître qu'il existe différentes structures corporelles, que la technique peut modeler plus ou moins profondément mais pas modifier. Et ces structures, qui sont de véritables architectures naturelles, ce n'est pas juste « grand sec » ou « petit gros ». C'est bien plus...

1. La reconnaissance des structures : au-delà des apparences

Dans nos catalogues de vêtements, on parle souvent de formes : le 8, le H, le A, le O... Elles sont très courantes et développées pour la femme, en excluant les silhouettes les plus extrêmes. On trouve aussi ces classifications pour les hommes, avec un échantillon moindre et c'est peut-être moins mis en avant.

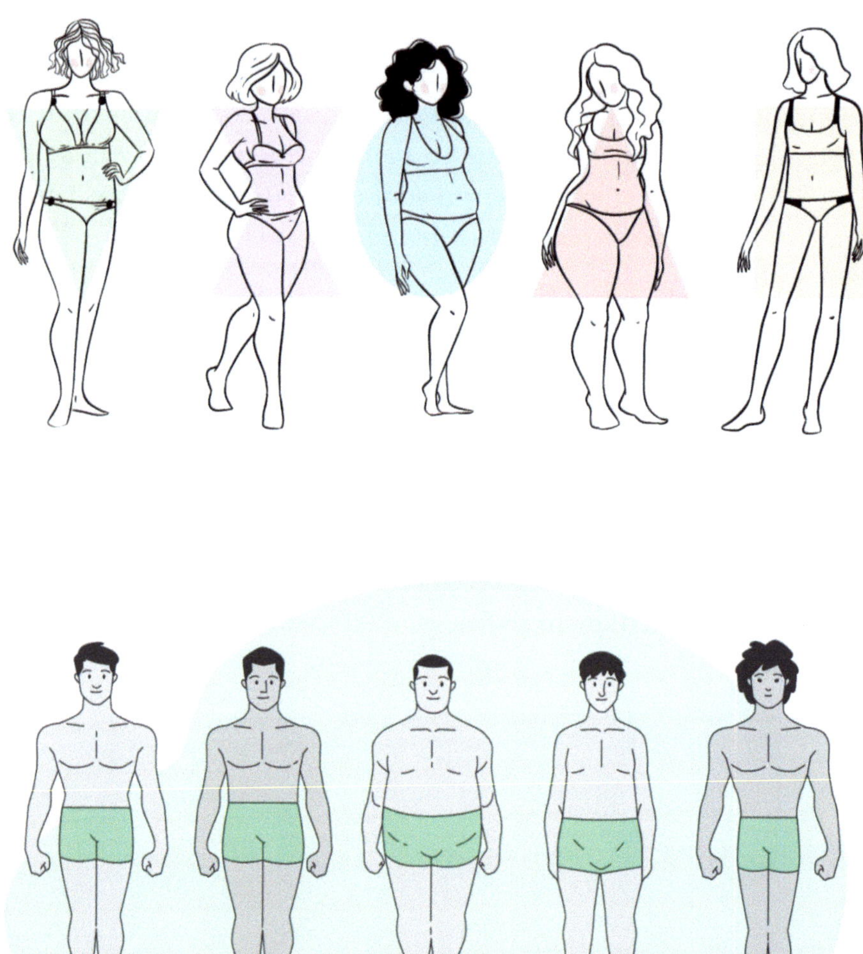

Ces désignations servent à classer les corps pour l'esthétique, pour la mode, pour les apparences. Elles sont devenues des repères visuels et commerciaux. Cependant, cette reconnaissance se limite souvent à la surface.

Ce que nous n'avons pas encore pleinement intégré, c'est que ces mêmes structures – ces morphotypes – jouent un rôle crucial dans notre gestuelle quotidienne, dans notre manière de nous mouvoir, dans l'efficacité de nos techniques de défense ou de combat, et même dans la façon dont nous accomplissons les gestes de tous les jours pour préserver notre énergie.

En d'autres termes, la structure d'un corps n'est pas une simple affaire de style ou de silhouette à la mode : c'est la charpente vivante qui conditionne en profondeur la qualité, l'efficacité et la durabilité de nos mouvements. Une technique du corps qui respecte et amplifie cette structure – au lieu de la contrarier – permet non seulement d'économiser de l'énergie, mais aussi de préserver la santé, d'éviter les blessures et de prolonger la vitalité.

Un corps dont les gestes sont en harmonie avec sa structure s'épuise moins, compense moins, force moins. C'est valable pour les athlètes de haut niveau, mais aussi pour quelqu'un qui porte ses courses, monte des escaliers ou reste debout huit heures par jour dans un métier physique.

Prenons un exemple masculin : un homme naturellement trapu ou « râblé » comme on disait autrefois, avec un centre de gravité bas, une cage thoracique courte, des jambes solides, aura tout intérêt à développer des gestes compacts, proches du sol, centrés sur l'appui, la poussée, la stabilité. S'il s'entraîne comme un sprinteur longiligne ou un boxeur aérien, il créera du déséquilibre, des douleurs, voire des pathologies. À l'inverse, s'il s'appuie sur ce que son architecture favorise – tractions courtes, portés lourds, déplacements latéraux puissants – il développera une forme d'efficacité naturelle, fluide, presque économique.

Autre exemple, cette fois féminin : une femme à ossature fine, avec de longs bras et un buste souple, ne tirera pas les mêmes bénéfices d'une musculation lourde ou d'un entraînement en force pure que d'un travail technique sur l'enroulement, la préhension, ou la mobilité circulaire. Elle pourra devenir redoutable en danse, en jiu-jitsu, ou dans des pratiques comme le yoga ou le Pilates, qui mettent en valeur les capacités d'extension et d'ondulation. C'est une autre forme de puissance – plus fluide, moins explosive, mais tout aussi stratégique.

À l'inverse, une femme au bassin large, aux cuisses épaisses, pourra puiser dans sa structure pyramidale pour développer des techniques d'écrasement, de portage, de poussée, de blocage au sol. Mais si on l'incite en permanence à maigrir, et à se mouvoir comme une ballerine ou à « alléger son corps », elle entre dans un conflit postural qui génère fatigue, douleurs et frustration.

Cette logique vaut aussi pour les personnes âgées : **certaines douleurs chroniques viennent simplement d'un usage contrarié de la structure corporelle, lié à des modèles d'exercices ou de postures inadaptés.** Un dos cambré de façon excessive, une marche artificiellement redressée, un corps « tenu » selon des codes esthétiques peut fatiguer plus vite qu'un corps assumant son centre de gravité réel et sa mobilité propre.

Et pourtant, cette dimension de l'architecture du corps reste marginale dans l'éducation corporelle. **À l'école, on enseigne les gestes « comme il faut », rarement les gestes « comme ils fonctionnent pour toi ».** On impose des modèles universels d'échauffement, de course, de renforcement, sans jamais enseigner aux élèves à lire leur propre architecture corporelle. **On apprend à « bien faire », jamais à « faire selon ce que ton corps peut faire de mieux ».**

Il est temps de remettre la structure au cœur de la pédagogie corporelle, de cesser de plaquer des standards sur des corps variés, et de reconnaître que **chaque corps est une géométrie vivante.** Respecter cette géométrie, c'est améliorer la performance, la santé… mais aussi, tout simplement, **se réconcilier avec son propre mouvement.**

L'objectif de cette postface est précisément de commencer à faire reconnaître l'existence de ces structures fondamentales. Nous voulons dépasser l'apparence superficielle pour explorer comment la géométrie du corps influence notre vie au quotidien. Reconnaître la valeur d'un 8, d'un H, d'un A ou d'un O, c'est comprendre que, par-delà le simple gabarit, ce sont ces structures qui organisent nos mouvements et notre capacité à résister, à nous adapter, voire à dominer dans certains contextes.

C'est en partant de cette observation que l'on peut envisager de repenser l'éducation corporelle, la pratique des gestes quotidiens et même les techniques de défense. Car ce ne sont pas seulement des étiquettes de mode, mais des clés pour mieux comprendre et optimiser la force réelle de nos corps.

2. Le V comme norme masculine et fausse stabilité

La morphologie en V – épaules larges et taille fine – est souvent érigée en modèle absolu de puissance masculine. Elle incarne le combattant, l'athlète, le superhéros. C'est la figure héroïque par excellence, celle des comics, des statues grecques, des champions de culturisme. Pourtant, du point de vue biomécanique, le V est instable : il repose sur un socle étroit (les jambes et les hanches) et concentre le poids sur le haut du corps. Ce déséquilibre structurel fait du V une figure de puissance symbolique, mais non de stabilité réelle.

Poussé à son extrême, le V devient même une caricature de lui-même : les hommes qui développent excessivement le haut du corps sans entretenir leurs jambes finissent par ressembler non plus à un V, mais à un Y fermé en haut.

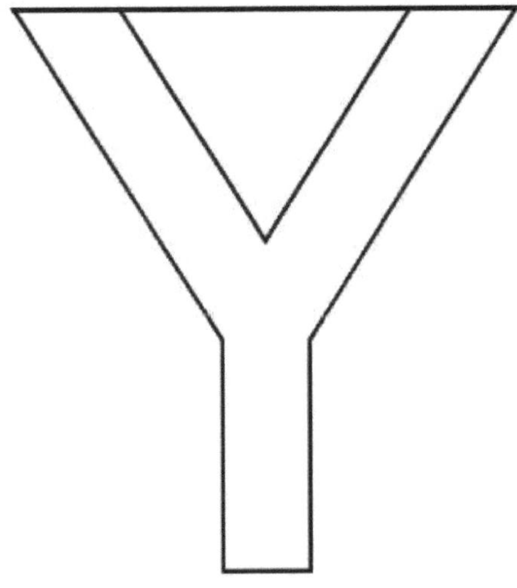

Et le Y est, dans l'imaginaire géométrique, l'une des formes les plus instables. C'est un tronc suspendu sur deux fines branches, incapable de s'ancrer solidement au sol. Ce déséquilibre structurel révèle l'illusion d'une puissance uniquement axée sur l'apparat musculaire. Le culte du V ne renforce pas l'être : il fragilise le socle. C'est une forme spectaculaire, mais fondamentalement précaire. Une illusion de puissance, une armure sans fondation.

Ainsi, la société projette une image de force qui, en réalité, ne repose sur rien de durable. Et cette illusion de puissance devient une norme esthétique, un dogme corporel qui dicte non seulement l'image de l'homme viril, mais aussi les techniques censées incarner et prolonger cette puissance. On valorise des techniques de frappe – principalement les coups de poing – qui mobilisent le haut du corps et s'accordent à cette morphologie. Le punch devient la mesure de la virilité, la réponse réflexe à tout danger. La boxe anglaise, le MMA, le street fight : tous célèbrent le bras comme l'instrument souverain de domination.

Mais frapper n'est pas s'ancrer. Le poing projette la puissance, il ne l'enracine pas. Il est l'expression d'une énergie qui sort du corps, pas celle qui y demeure. La morphologie en V pousse ainsi vers un style de combat centré sur l'explosion, l'impact, la démonstration. Rarement sur la résistance, la capture, ou l'absorption.

Le V est héroïque, mais il est aussi adolescent. Il incarne l'homme dans sa phase d'expansion, de conquête, de démonstration. Un homme qui frappe pour prouver qu'il existe, qui bombe le torse pour conjurer sa peur d'être absorbé. Il refuse la chute, le poids, l'abandon. Il ne connaît ni la lenteur, ni la digestion, ni l'étreinte. Sa verticalité est une tension, pas un repos.

La domination masculine moderne, fondée sur le V, privilégie l'attaque. Elle ne sait pas recevoir. Elle craint le poids, le bas, la lenteur, la densité. Elle redoute d'être absorbée. Mais c'est justement là que réside une autre forme de puissance : celle qui ne frappe pas, mais qui encercle ; celle qui ne bondit pas, mais qui écrase ; celle qui ne cherche pas à impressionner, mais à capturer.

Ainsi, derrière le culte du V se cache un refus de la verticalité inversée. Une négation du féminin comme pouvoir d'ancrage, comme force gravitationnelle. Le V n'est pas un sommet, c'est une fuite vers le haut. Une ascension qui nie la base. Et dans cette fuite, il révèle sa plus grande fragilité : il est coupé de la terre.

3. Le A : forme féminine, fondement oublié

À l'opposé du V, le A – morphologie en pyramide, avec des hanches larges, des cuisses puissantes, des fessiers denses et structurants – est une forme typiquement féminine. Une forme ancienne, archaïque, enracinée. Elle évoque la matrice, la terre, le socle. Là où le V tend vers le ciel, le A plonge dans le sol. C'est une architecture vivante, qui ne s'élève pas pour frapper mais s'alourdit pour immobiliser. Et pourtant, cette structure n'est **jamais valorisée comme puissance physique**. Elle est reléguée aux marges du sport, de la danse, de l'érotisme même. On l'associe à la sensualité, à la maternité, parfois au grotesque – mais rarement à la domination corporelle.

Il est d'ailleurs frappant de constater que, dans l'architecture humaine comme dans l'évolution naturelle, les structures les plus stables sont les structures en A. Les pyramides d'Égypte, édifiées pour défier le temps, reposent sur cette forme élémentaire. La tour Eiffel elle-même, pourtant faite de fer, trouve sa stabilité dans sa base élargie. À la Grande-Motte comme à Marina Baie des Anges, les architectes ont choisi la forme pyramidale pour résister aux secousses sismiques. C'est que le A n'est pas qu'un symbole féminin : c'est une architecture du monde. Autant que nous le sachions, rares sont les bâtiments en V... et seriez-vous rassurés d'y demeurer ?

Après les bâtiments, prenons en exemple les techniques d'autodéfense. C'est une bonne illustration de notre propos. Dans ces techniques de combat, **le bas du corps féminin est un continent inexploré**. Tout est pensé autour du haut : les bras, les épaules, les abdominaux. Ce qui compte, c'est la frappe, l'envol, la projection. Le modèle reste le V masculin : celui qui bondit, qui frappe, qui s'étire. Or, la morphologie pyramidale n'a pas vocation à frapper. Elle pousse. Elle presse. Elle écrase. Elle englobe.

Et c'est là tout son génie technique : **le geste n'est pas un impact, mais une prise d'appui**. Un ancrage profond, qui déplace non pas par force de bras, mais par force de bassin.

Qui imagine une poussée latérale, hanches en rotation, cuisses gainées, pieds en contact maximal avec le sol. Ou une projection arrière, dos cambré, l'adversaire pris dans l'étau des cuisses. Ou encore un écrasement vertical, fessier descendu en contrôle, sans impulsion. Dans tous ces cas, la puissance ne vient pas du bras ou du regard, mais **du centre de gravité**. Elle est silencieuse, irrésistible. Elle ne cherche pas à impressionner : elle **absorbe**.

Ces gestes existent. Ils sont là, à portée de corps, mais **les savoirs qui les transmettraient n'existent pas encore**. Ou plutôt, ils ont été effacés. Dans le judo ou le sumo, on entrevoit parfois cette sagesse des formes pyramidales : des prises qui ne visent pas à blesser, mais à faire tomber, à déséquilibrer, à immobiliser. Ce sont des techniques de gravité, et non de vitesse. Des stratégies d'effondrement contrôlé. Et dans ces disciplines, on le remarque : les morphologies en A trouvent une certaine place.

Mais dans notre imaginaire occidental, le pictogramme des toilettes a tout dit !

Le masculin est un triangle renversé, pointé vers le bas, large en haut, porteur de coups. Le féminin est un cône stable, fragile en haut, protégé. Cette image, anodine en apparence, dit une chose fondamentale : **c'est au V de protéger le A. C'est au haut de frapper, au bas de plier.** Toute l'organisation des techniques martiales modernes en découle.

Et pourtant, cette croyance va à rebours de la réalité physique : un corps en V est un haut perché sur rien, donc instable. Il frappe vite, mais tombe mal. Il impressionne, mais encaisse peu. Le corps en A, lui, est ancré, bas, terrien. Il ne frappe pas : il absorbe la frappe. Il ne court pas : il fait tomber celui qui court. Il ne s'élève pas : il plombe. Ce n'est pas une faiblesse. C'est une autre force. Une force tectonique, tellurique, souterraine, que la culture patriarcale a préféré ignorer, car elle contredit l'ordre symbolique.

Il suffirait pourtant de quelques ajustements techniques – des modules de poussée fessière, des exercices d'absorption, des formes de lutte inversée – pour que ce potentiel s'épanouisse. Mais cela exigerait une révolution : non pas seulement dans les gestes, mais dans les récits. Il faudrait reconnaître que **le bas du corps féminin n'est pas un lieu de fragilité, mais de domination possible.** Et cela, nos sociétés ne sont pas prêtes à l'accepter. Car cela reviendrait à admettre que le centre de gravité du monde pourrait se déplacer. Que le pouvoir pourrait changer de forme. Devenir courbe, dense, ventral. Non plus frontal, mais englobant. Non plus explosif, mais implosif.

Et dans cette révolution du corps, c'est tout un imaginaire qui pourrait s'effondrer. Le poing ne serait plus le geste ultime. Il serait mis en concurrence avec le coup de hanches dévastateur, la prise, le blocage, la descente lente. Par le corps qui immobilise sans bruit. Par la femme qui n'élève pas la voix, mais qui vous empêche de bouger. Par la morphologie elle-même, comme technique. Le V a besoin de technique du corps pour s'imposer, le A est une technique du corps à lui tout seul.

Évidemment, le pictogramme des toilettes ne contient pas tous les morphotypes féminins. D'ailleurs, les corps en A très prononcés, les « varies pyramides » aux corps très massifs, sont rares et ostracisés socialement (vêtements difficiles à trouver, places pas adaptées dans les avions ou les trains, etc). La plupart des formes pyramidales ressemblent à celles des schémas des silhouettes à vêtir, nommées « silhouettes en A » voire « en 8 ». En effet, dans nos sociétés modernes, des millions de femmes arborent une morphologie que l'on pourrait appeler « pyramide légère » : hanches naturellement plus larges que les épaules, bassin dessiné, fessier présent mais sans excès, centre de gravité bas. Elles ne sont ni massives, ni particulièrement musclées : souvent entre 65 et 85/90 kg pour une taille de 1m60 à 1m75. Elles sont partout. Dans la rue, dans les transports, dans les salles de sport. Invisibles parce que non identifiées. Présentes sans être reconnues.

Et pourtant, leur structure est une promesse. Une puissance douce, modérée, mais bien réelle – et surtout inexploitée. Car dans les faits, ce corps-là ne pousse pas, n'ancre pas, ne projette pas. Il tire, il fléchit, il se tend. Il cherche dans le haut ce que le bas pourrait donner. Le haut du corps compense un socle jamais éveillé. Ce n'est pas une question de flemme ou de génétique : c'est un modèle culturel.

L'éducation corporelle féminine – quand elle existe – ne valorise ni l'ancrage, ni la poussée, ni l'impact par le bas. On y vante la tonicité verticale, la rectitude, la légèreté sautillante. On apprend aux femmes à courir en cadence, à danser en ligne, à se tenir droites. Jamais à planter leurs appuis. Jamais à utiliser leurs hanches comme point de départ d'un geste. Résultat : des corps à la structure puissante, mais programmés pour l'effacement.

Et pourtant, dans d'autres cultures, la pyramide est éveillée, célébrée, incarnée. Dans les danses traditionnelles sénégalaises comme le *sabar*, dans la danse orientale, dans les luttes africaines ou caribéennes, le bassin devient moteur, point d'ancrage, levier d'élan. Le mouvement part d'en bas, pulse, projette, entoure. Le corps féminin y est technique, gravitaire, souverain. Il écrase, il propulse, il encercle – sans jamais perdre en beauté ni en expressivité.

Il est temps de **relire Mauss à la lumière de cette géométrie oubliée**. Non pour faire des femmes les clones techniques des hommes. Mais pour reconnaître que **le corps féminin possède ses propres stratégies, ses propres ap-**

puis, ses propres lignes de force. Pour réveiller ces structures dormantes. Et cela implique :

- De redonner au bassin sa fonction d'impulsion ;
- D'assumer l'assise terrienne du bas du corps ;
- De légitimer la hanche comme point de départ du mouvement, et non comme simple ornement sexuel.

Ces pyramides dormantes sont peut-être la plus grande force silencieuse de notre modernité. Mais tant qu'on leur proposera des techniques de dissociation, de compensation, de redressement stérile, on les privera de leur intelligence propre. **On ne les rendra pas plus fortes : on les détruira.**

Encore faut-il qu'un jour, quelqu'un leur dise :

Tu es forte.

Tu l'étais déjà.

Il ne te manquait qu'une chose :

Apprendre à t'en servir.

N'oublions pas, à l'opposé des structures pyramidales, les oubliées des vêtements. Ces femmes très grandes et longilignes – à la silhouette presque serpentine – qui sont aussi perçues comme faibles en raison de leur faible masse musculaire. Or, ces morphologies recèlent un autre type de puissance : une souplesse articulaire souvent supérieure à celle des hommes, une capacité d'enroulement, de constriction, de capture, qui rappelle le mouvement du serpent. Ces femmes peuvent ainsi, sans force brute, encercler, contenir, voire immobiliser un homme par simple stratégie corporelle, là où les techniques enseignées aujourd'hui reposent presque exclusivement sur des gestes explosifs, rapides et frontaux, hérités d'une pensée masculine du combat. Ces puissances féminines, subtiles et enveloppantes, restent enfouies, non reconnues, et absentes de toute formation standard.

4. Des techniques stéréotypées et excluantes

Même les gestes de défense enseignés aux femmes – qu'il s'agisse d'arts martiaux ou de self-défense – reconduisent donc une vision masculine de la technique : frapper, esquiver, aller vite, être précise. L'efficacité est pensée en termes de vitesse

d'exécution, de tonicité musculaire, de trajectoires courtes et
sèches. Le poids, la lenteur, l'enveloppement sont considérés
comme des défauts, des obstacles à surmonter. Or, ce sont peut-
être là, précisément, les germes d'une autre forme de puissance,
inexplorée car trop étrangère à l'idéal martial viriliste.

Le corps féminin est souvent éduqué **contre sa propre
forme**, plutôt qu'avec elle. On lui demande de corriger, d'ajus-
ter, d'effacer ses masses, de se faire plus linéaire, plus sèche,
plus « efficace » selon des critères qui n'ont jamais été pensés
pour lui. Les gestes enseignés aux femmes ne prennent pas en
compte les formes réelles de leurs corps. On leur apprend à
mimer des postures issues de morphologies masculines, et
donc à **lutter contre leur propre structure**.

Une femme corpulente sera incitée à « se délester », à se
faire plus mobile, à dissimuler son poids plutôt qu'à l'habiter.
On ne lui enseigne pas à se servir de ses cuisses comme de
mâchoires vivantes, ni de son fessier comme d'un socle d'écrasement. On ne lui dit jamais qu'elle peut immobiliser, étouffer,
absorber avec une puissance tectonique que peu d'hommes
peuvent encaisser.

De la même façon, une femme longiligne sera orientée vers
des gestes de frappe ou d'esquive. Mais là encore, selon un modèle virilisé : rapide, sec, segmenté. Et comme c'est une femme,
surtout l'esquive, comme si elle ne pouvait être qu'évitement,
retrait, effacement. On néglige ainsi sa capacité unique à se
glisser, à entourer, à se mouvoir à travers les interstices, à em-
prunter une voie animale, reptilienne, serpentine. Son corps
n'est pas fait pour cogner – il est fait pour encercler, déstabili-
ser par le flou, neutraliser par la surprise, engourdir la volonté
adverse par l'ondulation. Et pourtant, on ne lui enseigne jamais à devenir cette prédatrice liquide que son corps sait
pourtant déjà incarner.

Cette négation des puissances corporelles féminines empêche
l'émergence de véritables techniques féminines enracinées dans
les morphologies propres aux femmes. Car les techniques du
corps, loin d'être neutres, sont des constructions culturelles. Elles
perpétuent des stéréotypes performatifs, reconduisent des structures de domination, et **étouffent l'inventivité féminine au
profit de l'imitation virile**.

Or, il ne s'agit pas simplement d'ouvrir les arts martiaux aux femmes. Il s'agit d'inventer des arts martiaux féminins, au sens plein. Non pas féminisés, mais nés de la chair féminine elle-même, de ses rythmes, de ses centres de gravité, de ses formes, de ses forces propres. Il faudrait alors repenser la notion même de technique : non plus comme simplification du réel pour le rendre reproductible, mais comme amplification du corps dans ce qu'il a de plus singulier.

Cela supposerait de valoriser d'autres gestes : ceux qui enveloppent, qui alourdissent, qui font pression plutôt que la percussion.

Ce serait une révolution. Une véritable poétique des techniques féminines, ancrée non dans la performance, mais dans la présence. Non dans le spectacle, mais dans la sensation. Non dans l'impact, mais dans la transformation de l'autre par la simple densité du soi.

La puissance corporelle féminine, lorsqu'elle ne se conforme pas aux canons masculins de la technique (frappe, vitesse, précision), est systématiquement ignorée, voire méprisée. Une femme à la morphologie pyramidale – base large, fessier développé, cuisses puissantes – pourrait neutraliser un adversaire en s'asseyant sur lui, en l'immobilisant avec ses hanches, ou en absorbant son élan par simple appui au sol. Ces gestes, pourtant efficaces, sont jugés bruts, primitifs, non techniques, et donc écartés de l'enseignement. Il en va de même pour des mouvements simples mais dévastateurs comme le coup de hanche : chez une femme à centre de gravité bas, un brusque déplacement du bassin peut déséquilibrer un homme sans effort, mais ce geste – enraciné, circulaire, puissant – n'est jamais valorisé dans les méthodes de self-défense classiques. Pourquoi ? Parce qu'il n'entre pas dans le paradigme masculin de l'efficacité, fondé sur la linéarité, la vitesse et l'impact. Ce que la société classe comme « non-technique » n'est souvent que ce qui échappe à son modèle dominant. Une véritable pédagogie des gestes féminins devrait partir des formes corporelles réelles : on n'enseigne pas les mêmes appuis à une femme longiligne qu'à une femme massive. Pourtant, l'ensemble du système éducatif corporel pousse les femmes à mimer des modèles virils, sans jamais exploiter les potentialités de leurs propres corps. La société, en valorisant la minceur, l'effacement et la discrétion, a invisibilisé des morphologies extraordinairement puissantes : les corps denses, globulaires, enracinés. Ces corps, qualifiés de « gros », sont souvent les plus aptes à immobiliser. Ce sont des formes contre lesquelles il n'existe presque aucune prise : le globe, la masse homogène, la rondeur totale deviennent des armes de neutralisation redoutables, si tant est qu'on accepte de les penser autrement que comme un handicap. **Mais tant que les représentations sociales valoriseront l'effacement féminin, ces puissances resteront refoulées, non transmises, et souvent niées par les premières concernées elles-mêmes.** Il est donc urgent de repenser les techniques d'autodéfense, en cessant de plaquer un modèle viril sur des corps qui ne lui correspondent pas, pour créer un véritable système d'arts martiaux féminins fondé sur l'absorption, la capture, l'enveloppement, le ralentissement et la gravité. C'est tout un monde gestuel et symbolique qu'il reste à inventer.

5. Au-delà du V et du A : l'oubli des différences de structures corporelles dans nos gestes quotidiens

– La réduction du corps à la logique musculaire

À force de penser le corps en termes de puissance, nos sociétés ont réduit les techniques du corps à des logiques de musculature : ce qui compte, c'est ce qui se voit, ce qui gonfle, ce qui contracte, ce qui peut être « travaillé » à la salle. La technique devient alors une affaire de « gains » : il faut sculpter, dessiner, renforcer. Mais cette obsession pour le muscle occulte une autre dimension, pourtant essentielle : la structure du corps, c'est-à-dire sa forme globale, ses appuis, ses leviers naturels, son équilibre propre.

– Le corps : une architecture vivante

Un corps, ce n'est pas un sac de muscles. C'est une forme géométrique vivante, une architecture de chair. Et toute forme porte en elle une intelligence technique spécifique. Une femme pyramidale, par exemple, n'a pas besoin de « faire du squat » pour que ses cuisses puissent neutraliser quelqu'un au sol : **c'est sa structure même qui agit comme une technique.**

Quand elle s'assoit, elle immobilise. Quand elle bouge les hanches, elle déplace des masses. La puissance vient moins de la contraction musculaire que de la répartition des volumes et de l'ancrage au sol.

– Longueur, finesse et stratégie : la logique serpentine

À l'inverse, une femme longiligne, presque filiforme, avec une envergure supérieure à sa taille, peut encercler, glisser, capturer non pas en forçant, mais en exploitant la logique serpentine de son corps. C'est l'effet constrictor : la longueur devient stratégie, la finesse devient piège. Et ce n'est pas un fantasme : certaines pratiquantes de jiu-jitsu brésilien, très minces, dominent des adversaires plus lourds uniquement en jouant sur la structure de leurs membres, leur mobilité articulaire et la capacité à créer des enroulements.

– Le portage axial : un savoir-faire millénaire à ressusciter !

Le portage axial est un autre exemple frappant de l'oubli des structures corporelles dans notre monde occidental. Prenons un exemple frappant : les porteuses de charges dans certaines régions du monde – femmes népalaises, paysannes indiennes ou vendeuses africaines – qui transportent quotidiennement jusqu'à 30 kilos sur la tête, parfois sur plusieurs kilomètres. Et pourtant, la plupart d'entre elles n'ont ni les muscles d'un bodybuilder, ni l'allure d'une sportive de haut niveau. Ce ne sont pas des performances de force brute. Ce sont des gestes savants, issus d'une transmission corporelle millénaire.

Dans certaines régions d'Afrique, d'Inde ou d'Asie, ces techniques du portage vertical ont été affinées au fil des générations. Le mouvement semble naturel, fluide, presque dansé. Mais ce geste – simple en apparence – est en réalité **une technique du corps hautement évoluée**, fondée non sur la contraction musculaire, mais sur **l'intelligence de la structure corporelle**. Il repose sur l'alignement postural, la maîtrise de l'équilibre, le centrage du bassin, la régularité de la marche, la souplesse des chevilles, et surtout sur une architecture corporelle qui fait du corps une colonne vivante.

Ce type de portage est particulièrement adapté aux morphologies pyramidales, en 8, en dômes, et autres formes ancrées – tout ce que l'Occident passe son temps à vouloir effacer, corriger, lisser, affiner. Là où l'Occident impose le redressement, la tonicité linéaire, le ventre rentré et les épaules relevées, ces femmes incarnent un autre idéal : celui d'un corps ancré, souple, arrondi, qui travaille avec la gravité au lieu de lutter contre elle.

Quand une femme marche avec 20 kilos sur la tête sans que son bassin ne tangue, ce n'est pas une démonstration de force : c'est une harmonie entre la forme et le geste, un accord profond entre la structure et la fonction. Et peut-être que là se trouve l'une des grandes leçons oubliées de notre modernité : ce n'est pas la légèreté qui rend libre. C'est la stabilité.

Ce qu'elles mobilisent, c'est **la puissance structurelle** de leur corps : la densité des os, la souplesse des articulations, la géométrie même de leur squelette. Une puissance **architecturale**, presque géodésique, bien loin de l'idéal « bodybuildé » hyper-tendu et segmenté. Et pourtant, **elles déplacent plus**

de masse utile que la majorité des pratiquants de CrossFit urbains, tout en économisant leurs forces.

Et si, dans nos rues, les femmes aux morphologies pyramidales portaient des charges sur la tête, non pas par nécessité mais par adéquation morphologique, elles seraient moquées, jugées, soupçonnées de ne pas être « modernes ». Pourtant, c'est leur propre corps qu'elles serviraient, et non un idéal d'apparat abstrait. Elles réduiraient les douleurs lombaires, renforceraient leur posture, habiteraient pleinement leur verticalité. Elles ne s'exerceraient pas à « lutter contre elles-mêmes », mais à exister à partir d'elles-mêmes. Qui oserait le faire ? Vous peut-être ? Eh bien, essayez, et ne vous fiez pas aux regards des autres. Après tout, aucune loi n'interdit le portage axial !

Là est le cœur de l'oubli occidental : on enseigne aux femmes à transformer leur corps pour s'adapter au monde, au lieu d'enseigner au monde à comprendre ce que le corps sait déjà faire. Il faut dire que la logique commerciale des régimes-minceur qui rapportent de précieux milliards à travers le monde : rien qu'en France, ce marché représente 2,5 milliards d'euros !

– Vieillesse, danse, combat : les techniques du corps intelligentes

Autre cas, plus discret : les personnes âgées qui restent stables et autonomes longtemps ne sont pas toujours celles qui conservent le plus de masse musculaire, mais souvent celles qui ont **gardé une bonne organisation structurelle** : posture droite, bassin aligné, appui solide des pieds, fluidité de rotation du tronc. C'est ce qui leur permet d'éviter les chutes, de se relever sans effort, de danser à 80 ans sans se casser une hanche. La solidité vient de la structure, pas de la force brute.

Exemples parlants :

• Clint Eastwood dans *Gran Torino*, qui incarne un vieillard sec mais structuré, capable de tenir tête physiquement à un jeune par sa posture, son centre de gravité, et sa lucidité stratégique. Ce n'est pas un effet de cinéma : ce type de corps peut encore imposer sa loi, même à 80 ans, par un travail structurel invisible.

• Des vidéos d'anciens judokas ou pratiquants de tai-chi de 75 ou 80 ans, qui déséquilibrent des jeunes puissants avec un simple pivot ou une poussée ciblée. Ce n'est pas magique : c'est l'articulation d'une structure interne intacte, qui compense l'usure du muscle.

Ou encore, en danse : un corps très musclé peut être déséquilibré s'il est mal organisé, tandis qu'un corps souple et bien structuré (même sans masse) peut générer des mouvements d'une efficacité redoutable, y compris pour porter, faire tourner ou déséquilibrer un partenaire. En contact improvisation ou dans certaines pratiques contemporaines, la structure prime toujours sur la masse : l'art, c'est de sentir comment l'ossature articule l'ensemble, comment le poids se répartit naturellement, comment l'élan se transmet sans forcer.

– Changer de paradigme :
une grammaire du corps à établir

Penser la technique à partir de la structure, et donc de l'architecture, c'est donc changer de paradigme : il ne s'agit plus de « muscler pour agir », mais d'agir avec ce que le corps est déjà, dans sa forme, sa géométrie, sa logique interne. La forme devient un vecteur d'intelligence gestuelle. Une colonne vertébrale stable est une ligne de transmission de force. Une hanche bien placée devient un levier. Un fessier large et bas devient un socle. Une grande envergure devient une toile. Chaque morphologie contient sa propre grammaire.

Cela vaut pour le combat, certes, mais aussi pour la marche, la danse, le travail du sol, le portage d'un enfant, la sexualité, la posture dans un lit d'hôpital, ou même la manière de s'asseoir. Le corps est partout. Il ne s'exprime pas seulement dans l'exploit sportif, mais dans la vie quotidienne, où la structure l'emporte souvent sur la force. Mais cela exigerait une modification complète de nos représentations sociales.

Tant que nous continuerons à plaquer des modèles musculaires normés sur des corps concrets, nous passerons à côté de l'essentiel : le fait qu'une structure est déjà une technique. Et qu'en comprenant cette forme vivante qu'est le corps, on peut révéler des puissances jusque-là invisibles – mais bel et bien réelles.

**Conclusion – Ce que Mauss n'a pas vu
(ou n'a pas voulu voir)**

Depuis l'époque de Marcel Mauss, et encore aujourd'hui, nos sociétés refusent de penser la **complémentarité des architectures corporelles masculines et féminines**. On a voulu faire de la femme un **double de l'homme**, un clone formé aux mêmes gestes, aux mêmes postures, aux mêmes techniques – mais forcément **moins puissant**, puisque la plupart de ces techniques sont pensées sur un **modèle masculin de type V**.

Or, **la force d'une femme n'émergera jamais pleinement** si on la force à mimer un corps qui n'est pas le sien.

Mais si l'on respectait **les structures féminines réelles** – de type « **A**, 8, **O** » (selon les classifications actuelles, « pyramides », « domes », « globes » selon des classifications d'autres pays) ou autres formes hybrides – si on cessait de vouloir **réduire les hanches**, **faire fondre les bras**, **éliminer le fessier**, alors on pourrait enfin **développer des techniques du corps réellement féminines**, puissantes, appropriées, efficaces.

Et cela changerait tout.

Car ce n'est pas tant le poids qui crée la douleur, que la rondeur qui empêche de se mouvoir, c'est l'inadéquation entre la structure et les techniques qu'on lui impose.

Beaucoup de femmes dites « en surpoids » souffrent non de leur masse, mais de l'absence d'éducation corporelle adaptée à cette masse. On les pousse à se tenir droites comme des ballerines, à courir comme des modèles de fitness, à danser comme des algorithmes.

Mais leur puissance est ailleurs : dans l'appui, l'ancrage, la rotation, la densité, l'écrasement, l'absorption.

Et le problème dépasse la seule question des femmes.

Car dans un monde où les morphotypes se diversifient, où les corps changent, grandissent, s'allongent, se densifient, rien n'est adapté.

Les femmes très grandes et longilignes, de plus en plus nombreuses, sont privées de techniques correspondant à leur amplitude.

Les hommes hors normes, ceux qui ne correspondent ni au V, ni à l'homme droit et sec, ni au modèle musclé équilibré, errent eux aussi dans des techniques qui ne respectent pas leur structure.

Ils finissent, comme les autres, par se blesser, mal se tenir, mal respirer, mal vieillir.

Tout cela nous conduit à une évidence :
Une technique du corps n'est jamais neutre. Elle est toujours située.

Et pour qu'un corps déploie toute sa puissance – qu'elle soit explosive, absorbante, fluide ou lente – encore faut-il qu'on lui donne le droit de parler sa propre géométrie.

Jean-David Haddad

professeur agrégé d'économie et de sciences sociales, éditeur

Notes

1. Marcel Mauss, « Les techniques du corps », *Journal de Psychologie*, 1936.

2. Sur la critique de la morphologie dominante, voir les travaux de Georges Vigarello, *Le Corps redressé* (1995).

3. Voir également Iris Marion Young, *Throwing Like a Girl* (1980), qui analyse les différences sexuées dans les mouvements du corps.

4. Pour une réflexion sur les formes corporelles et la symbolique du féminin, voir Hélène Cixous, *Le Rire de la Méduse* (1975).

Bibliographie indicative

- Mauss, Marcel. *Sociologie et anthropologie.* PUF, 1950.

- Vigarello, Georges. *Le Corps redressé.* Seuil, 1995.

- Young, Iris Marion. *Throwing Like a Girl and Other Essays in Feminist Philosophy and Social Theory.* Indiana University Press, 1990.

- Cixous, Hélène. *Le Rire de la Méduse et autres ironies.* Galilée, 1975.

- Butler, Judith. *Le Pouvoir des mots.* Éditions Amsterdam, 2004.

- Bourdieu, Pierre. *La Domination masculine.* Seuil, 1998.

À découvrir

Mémoires olympiques
de Pierre de Coubertin

Le texte mythique et fondateur de Coubertin, mais aussi un superbe dossier documentaire réalisé et illustré par Yoann Laurent-Rouault, sur les propos de Coubertin, sur ses choix et sur ses orientations, sur leurs contextes et bien évidemment sur l'histoire des Jeux olympiques modernes. En choisissant quelques olympiades qui ont été témoins de quelques grands bouleversements du XXe siècle, comme entre autres dates 1904, 1936, 1972, seront abordées les dates clés de l'histoire des JO. Vous verrez à quel point le sport est non seulement le porte-parole des époques, mais aussi leur témoin privilégié.

À découvrir

Essai sur le don
de Marcel Mauss

Découvrez Essai sur le don, une vraie leçon d'humanité et de générosité, qui, en appliquant ses règles et ses principes simples, pourrait être vu comme un guide du quotidien. Préface et dossier documentaire de Charlotte Ollivier.

Le sociologue Marcel Mauss (1872 – 1950) est considéré comme le « père de l'anthropologie française ». Essai sur le don, publié en 1925, est son œuvre la plus célèbre. Dans ce livre, Marcel Mauss nous rappelle les points fondamentaux de la société et l'importance de rendre ce qui nous a été donné. Il démontre même une triple obligation : « donner-recevoir-rendre ».